Jahre im September

Gedichte und Erzählungen

Marko Ferst

Edition Zeitsprung

„Was auch als Wahrheit oder Fabel
In tausend Büchern dir erscheint,
Das alles ist ein Turm zu Babel,
Wenn es die Liebe nicht vereint."

Johann Wolfgang Goethe

Jahre im September

Gedichte und Erzählungen

Marko Ferst

Bibliografische Information durch die Deutsche Nationalbibliothek: Die Deutsche Nationalbibliothek verzeichnet diese Publikation in der Deutschen Nationalbibliografie; detaillierte bibliografische Daten sind im Internet über http://dnb.d-nb.de abrufbar.

© Edition Zeitsprung, Berlin 2017
ISBN 9783744855020

Gestaltung und Fotos auf dem Cover: Marko Ferst
Bildmotiv auf der Rückseite mit dem herbstlichen Weg: Peter Luyendyk

Herstellung und Verlag: BoD – Books on Demand, Norderstedt

Kirschen

Hoch oben hängen sie
man rechnet in Prozenten
nicht in Sicht ist die Ernte

Saftige Kirschenkost
und Steine spucken
Revolutionen sind unkalkulierbar

Manche Preise lassen
sich nie bezahlen
die Stare schnappen zu

Im Winter blühen
weiß nur die Träume

Septemberwärme

Himmel und Eichelhäher
im Blätterfall
entschwindet Eisvogelblau
unter Wasser
entrindete Erle
unentwegtes Biberwerk
mit Schwung
geöffnetes Schleusentor
der Kahn fährt weiter
Fischtreppen
für die Aufsteiger
erste alte Spreearme
wieder intakt
seggegrün umfaßt
Habichtsaugen fliegen zu
frischer Beute
lila Eisenkraut ragt hervor

Unterer Spreewald

Atemlos

Rote Zeilen
ferne Briefe
Sommerstrahlen
öffnen aus
Vergangenem

Du bist mir
eingepflanzt
das Schicksal
trägt unsere Worte
zum Ausgang

Dein trauriges
Gesicht
blickt mir
noch immer nach
ewig brennt
so ein Abschied

Noch immer
zurückkehren wollen
doch die Füße
sind mir gebunden
etwas schleicht oft
zu dir zurück

Es erkennt die
Fakten nicht an
und beruft sich
auf die Liebe

Spur nach Tilsit

Goldner Ahorn
leuchtet über die Wiesen
bunte Leiber weit entfernt
grasend und liegend
die Kirchruine
in nachgebauter Miniatur
zwischen Baumdickicht
nah am Ufer

In Blankensee
das Sudermannsche Schloß
hinterm Torbogen
Galerie mit Kaiserköpfen
weiße Holzbrücken queren
im waldüberspannten Park
irgendwo eine Säule
am Wasser
seine Lesebühne blieb
dem Erbauer verwehrt

Segeln nach Tilsit
leben nur noch auf Abruf
ausgeheckt von der Rivalin
Indre wittert den Mordplan
jedoch überraschend zündet
neue Liebe beim Ausflug
blau und führerlos
kentern sie
an der gefährlichen Stelle
Ostseewasser
er bindet ihr noch
rettende Binsen an
nur sie kehrt zurück
in Sudermanns Litauen

Öland

Hellgraue
Sommernächte
Sandstein, Schiefer, Kalkgestein
hunderte Windmühlen
im Miniformat
Heidewelt
Buckelbrücke mit langem Rüssel
über sechs Kilometer
nachts beleuchtet

Steinwallzäune durchziehen
baumkarges Grasland
getrockneter Kuhdung
in Weidewäldern
hier ist das Schaf zu Hause
der Elch nur selten

Rotbraun mit weiß,
gelbweiß, grauweiß
wie Holzhäuser
überall in Schweden
auch Steingebautes
Rehe zu sehen
vom Frühstückstisch aus

Land der Rundburgen
Kinder zielen mit Pfeil und Bogen
Strohmatte mit Kreisen
Schweine und Schwalben
im Dorf hinter Mauern
graue Steinwände mit Schilfdach
so wie einst vor langer Zeit

Wie Wale strecken sich
Rundfelsen aus Wellen
über hundert Kilometer
von Spitze zu Spitze
vom langen Erik zum langen Jan
Leuchtzeichen für Schiffe

Mächtige Mauern
die Brandgeloder widerstanden
wehrhaft angelegt
das Borgholmer Schloß
doch nach Süden
rückte die Grenze
zu Dänemark
und neue Zeiten kamen
es blieb eine Ruine
nebenan Solliden-Villa
königliche Sommerresidenz
Ostseeblick
mit Park

Nicht überall
ist Festland zu sehen
wie von Geisterhand
tauchen nachts manchmal
verstreute Lichter auf
vom anderen Ufer
und schwinden wieder

Eine Palast-Fantasie

Der Mond verspricht Silber
in Weiß singt sie dir
vom Lichterhimmel herunter
von Bühne zu Bühne
das Leuchten und Blinken
zaubert tausendfach

Federleichtes Schwingen
große Goldflügel zu grünen Federn
dann im Fluß von Kufen
hellblau wehen sie übers Eis
Nebel unter Stoffgebilden
Harte, schnelle Rhythmen:
Ice Block

Zu schnappt die Messerfalle
ist das Seil verbrannt
der Akrobat entwindet sich
schnell genug ins Nichts
taucht auf im Publikum

Schwanensee mit Rücklichtern
Fahrräder umkreisen den Tanz
weiß und rot im Dunkel
Tschaikowskis Ton-Balustrade
gleitet über in moderne Rhythmen

Musiktöne als Regenspur
Takt um Takt ins Naß getanzt
an Seilen schwingen
mit rotem und blauen Licht
Blödelzauber verrät seine Tricks

Fehlen nur Claire Waldoff
und Helga Hahnemann
Ikonen verflossener Bühnenjahre
oder ein neuer Star
die längste Girlreihe Europas
spannt ihre Choreographien auf

Revue „Qi" im Berliner Friedrichstadtpalast 2008

Monsanto

Mit verdrehten Genen
vielleicht erfand der Konzern
diese bestimmte Maissorte
nur um das Wachstum
der Weltbevölkerung
zu stoppen?

Wenn davon künftig
Menschen unfruchtbar werden
und nicht nur die gefütterten Schweine
würde sich die Menschheit
schnell reduzieren lassen!

Für solche ökologische Wohltat
lohnt es sich schon
störende Leute herauszukanten
aus Zulassungsbehörden
im Netzwerk treuer Vasallen
auch mißliebige Journalisten
und ihre Sendungen kaltzustellen

Bis Monsanto
Land für Land
die Agrarminister selbst nominiert
und die eigenen Gesetze beschließt
ist es dann nur noch
ein kleiner Schritt

Ihre Rechtsanwälte
bekommen das schon hin

Bangladesh

Da kommen sie immer wieder
reißen ihren Schlund auf
schlingen den Boden
fruchtbare Krume
jene Meeresfluten
zehren an Blech und Hütten
dringen immer tiefer
mit ihrem verderbenden Salz

Da kommen sie immer wieder
die Angststände steigender Pegel
es zerbricht und schlingt Menschen
die Tage des Reis sind gezählt
und es fehlt der eigene Grund
jenseits von Flachzonen
die ein Versprechen sein könnten
stattdessen diktieren Abbrüche
aus allen Poren dringt Armut
mehr als je zuvor

Noch lassen sich
die Schuldtitel nicht einklagen
in Deutschland, Amerika, Frankreich
China oder anderswo
in den Sündenpfuhlen
den Brutstätten steigender Wasser
jenen Ländern
die jedes Gericht
und jede Gerechtigkeit
zu purem Gespött machen

Es kommt Rat, Flut
und großes Schweigen

Emporstreben

Sich bilden, sich aufbauen
seine eigene Meinung werden
nicht zum Kitt der Systeme
sich fügen, sich einpassen
es reichte noch nie
nur auf stillen Fluren zu flüstern
ein paar Sätze zum Abendbrot

Niemand spricht davon
sich als Freiwild preiszugeben
aber das Wort will geachtet sein
und Satz für Satz gebunden
brüchigen Verhältnissen
das Vertrauen zu entziehen
sich die Macht zu nehmen
für eine andere Sicht

Position zu bekennen genügt nicht
selbst muß man sich befreien
aus all den beschränkten Winkeln
emporstreben und sich zurücknehmen
nicht Resonanzboden sein
für ideologische Sirenen
das eigene Medium etablieren
wachsen in der Spur
die vergehen wird

Schloßpark Charlottenburg

Weißgeebnet
Wiesen und Teiche
hellblaues Belvedere
Spuren um Spuren
in Eis frostverkrustet
nur kleine Brücken und Tiefen
verraten die Wasserläufe
Schienenschläge im S-Bahntakt
die kupfergrüne Kuppel
überragt jegliches Geäst
vor Mitternacht
aus dem Eichendunkel
ruft der Waldkauz
erneut Schneetreiben

Wellen branden

Nachts blinkt grell
Spiegellicht
von der Greifswalder Oie
entfernter Inselturm
Dreh um Dreh
tags manchmal
schwebt der Landfleck
wie vom Meer abgehoben

Wellen brechen über Buhnen
Fischdüfte ziehen entlang der Sanddüne
geräuchertes Angebot in Schilfhütten
Möven schnappen
in der Luft Brotkrumen
von Mädchenhand geworfen
Algengrün schwemmt
ins Strandweiß

Hoch oben vom Streckelsberg
Schiffe erkunden
Badespaß von weitem
die Fensteraugen der Blechpyramide
Rettungsblicke sichern
schräg rüber wird
frisches Eis gezapft
am Ende der Seebrücke
eine zerfetzte Fahne
Pizzafeuer wirbt für die Sicht
übers Abendmeer
auf den Anhöhen Wald
entlang der Küste ein Lampenweg
beleuchtetes Gitterweiß

Am schmalsten Landsteg
zwischen Achterwasser und Meeresbriese
ein ausrangierter S-Bahnwagen
damit begann alles
Otto Niemeyer-Holsteins Refugium
er malte ins Ocker
grauschwarze Bahnkreuze
Eisbrüche am Strand blauweiß
einst beim täglichen Gang
sein Holzmast grüßt nicht mehr
Farbpaletten und Pinsel
auf verlassener Spur

Koserow, Insel Usedom, 2009

Max-Liebermann-Villa

Die jungen Birken
hingestreut auf geraden Wegen
der Garten in Linien
die führen mitten durchs Hauslicht
vom Ufer zum anderen Ende
Kohl und Blumen geordnet
Schattengeflecht und Rosenzimmer
am Rand der weiße Tee-Pavillon
Strohdach und Seewellen

Die Villa mit zwei Gesichtern
hier bürgerlich aufgeragt
die Säulen repräsentieren nach außen
dort zur Seeseite öffnen zweistöckig
hellgrüne Fensterläden und Gemütlichkeit
Rotgeblümtes vor der Terrasse

Alles wieder auferstanden
dank Zeitgenossen die jene Idee
aus Gestrüpp und Gemäuer
die Botschaft auf sich nahmen
mit den Blicken einer vergangenen Zeit
Pinselstrich für Pinselstrich
dort sitzen bei Liebermann
mit dampfendem Kaffee
Segel bei Wasser und Wind
streifen vorbei

Liebermann lästerte über die Nazis
starb in Würde dem Braunstaat hinweg
an den Nagel hängte er
nach der Bücherverbrennung alles Offizielle
enteignet wurde das Seehaus
seine Frau räumte später das Feld
bevor Zug und Lager sich treffen konnten

Weit und weiter aufstoßen die Tür
Bilder über Bilder sichten
dunkle und helle Welten
viele Gesichter einer Epoche
impressionistische Reisegestalten
und immer wieder
Beet um Baum sein Garten

Schneefrühling

Eisglas an Stämmen
Weiden in Wassergrund
gefrorene Schneebrocken
kämmt der Wind
aus Kiefernkronen
erste Südvögel
stimmen ihren Himmel
Märznächte mit mehr als
zehn Grad Minus

Der beige Oldtimerbus
tuckert Waldstationen ab
rotes Gemäuer
bis in die Spitze
der Grunewaldturm
viele Stufen zum Ufer
Seeränder noch beeist
Sonnenhelle
Schwarzwildfährten
erklimmen die Hänge

Weiße Bänke
Traglastfähre von 1956
dunkelgrün, stählern
zum Lindwerder
noch verwaist
ist die Insel
Betonringe drapiert
am spurengeprägten Uferweg
häßliche Marken
fürs Trinkwasser

Keine langen Ohren
horchen mehr nach Ost
zuoberst auf dem Teufelsberg
erodierte Bauten mit Kugeln
Spiegel im Wannsee
und Licht
sind alle Hänge und Horizonte

Rechtschreibreform

Vergoldet in schönen Lettern
moderner Murks als Regelwerk
die Kommission reformte sich
und ignorant oder gelehrig
bleibt das Volk zurück

Wie blöd muß man sein
aus dem „ß"
ein „ss" zu schmieden
in einem Fall ja
ansonsten wieder nicht
und das als höchste Logik zu preisen?

Gegen solchen Unsinn
hilft zuverlässig
die neuen Regeln zu boykottieren
wenn sich die Schüler
damit quälen müssen:
bitteschön

Dabei würde ich so gern
Das „ß" im „daß"
durch ein einfaches „s" ersetzen

Auf die Idee kommt
vielleicht eine neue Kommission
erst in hundert Jahren

Bis dahin schreibe ich weiter
wie mir die Nase gewachsen ist
und lasse dem Rechtschreibteufel
seinen Tribut

Schwarze Plage

Ein letztes Mal
erholten sich die Wälder
er hatte seine Schrift diktiert
quer durch Europa
Flöhe und Ratten
wirkten als Strafe Gottes
sie forderten
Tribut um Tribut

Die schwarze Luft
eine apokalyptische Botschaft
die Dorf um Dorf auslöschte
jeden konnte es umklammern
die falschen Schuldigen
erschlug man darüber hinaus
ein reichlicher Vorrat
an Aberglauben sammelte sich

Landschaften und Natur
erlangten eigene Kontur zurück
hinweggerafft
ein Drittel der Menschen
jene die überlebten
als der Hunger gebannt war
gossen mehr denn je
aus den verbliebenen Kelchen

Wieder an Wert
gewann der einzelne Mensch
besser bezahlt sein Tagwerk
an vielen Quellen
wurde ganz neu begonnen
beiseite gelegt
was bisher anführte

Kurswechsel

Mit weichgespülter Nachhaltigkeit
kann man Politik machen
aber man handelt nicht mehr politisch
vieles wird zum Verstoß
gegen elementare Vernunft
was ist das für eine Schliche
wenn nur noch als vernünftig gilt
der schnelle Vorteil
kurzsichtige Sozialpolitik
zu Lasten der Kommenden
erodiert was morgen sozial
halten könnte als neues Netz
eine Wirtschaft herrscht
die lernte wie zerstampft wird
was sie doch richten müßte
Glückspiel treibt man an der Börse
Menschenleben sind der Einsatz
einsperren müßte man
die Verantwortung nicht kennen
wenn es gerecht zuginge
doch es geht hier gar nichts mehr
sondern es geht etwas ab
macht die Leinen los
hier sind Verrückte am Werk
laßt uns eigenen Kurs nehmen!

Jahrtausend-Linien

Drei Millimeter im Jahr
wie harmlos
vom Ende her
rechnet kaum jemand
die Bande zwischen
den Generationen
zerfetzt
die Ozeane holen sich
sämtliche Tiefländer
studiert die Atlanten
grün wird ihnen blau

Im Eozän
Schlote pfeifen
Säugetiere wie Zwerge
Antarktika als Südsee
Kontinente auf Reiserouten
tief versunken
in Wasserwelten
Zeugnisse
von früherem Landgang
alles ohne Eispanzer
geöffnet die Gitter
Methanhydrate
im Heißzeitschock

Ein Grad global wärmer
unter dem Strich
satte 15 Meter Höhe
die Scheidewand
zwischen zwei und drei Grad
Meeresstrand durch Berlin
oder vor Dresden
kein Halten
Kiel, Hamburg und Rostock
auf dem Weg
nach Atlantis
ganz sicher schon
im Zug auf
Jahrtausende hin

Falls nach unseren
pyromanischen Beben
noch Klopfzeichen hörbar
was berichtet man
über das große Tauen
die blindem Wahn
verfallenen Vorfahren
die fluteten
all die Ackerhorizonte
Zehrung für Milliarden

Neu geschrieben
wird die Geschichte der Sintflut
eher nicht als Bibeltext

Beute

Sie kannten die stille Botschaft
der Handel florierte blendend
was gab es schon groß auszurichten?
die Mammutherden sind Geschichte
auf den Marktplätzen wird Größenwahn
als Meterware verramscht
worauf kommt es nun noch an?
der nächste Reichskanzler
wird eine andere Uniform tragen
die Beute war vorher schon verteilt
der Sensenmann gelangt
zu neuen Konjunkturen
dagegen ist kein Glücksklee gewachsen
so blieb alles bei seinem Gang

Generationen

Gelebte Zeiten landen an
fortgenommen wird die alte Spur
so wechselt still das Firmament
in immer neue Lebensstunde
abgeschnitten bleibt
was mehr und mehr hinabgesunken
wo niemand es mehr kennt

Es zählt schon bald nicht mehr
was früher längst gewußt
von Generation zu Generation
schieben andere Zeichen vor
so sehr gebunden
alles miteinander wächst
das letzte Gericht
beruft sich dann darauf

Visitenkarte

Mir schien die alte Gardine zu reichen
geschenkt, sollte sie einer neuen weichen
ich zögerte lange und länger
will das Pelztier hinaus in die Nacht
wird in Weißstoff das Krallenmuster gebracht
selbst Latschenwurf beeindruckt ihn nicht
er weiß, der Schlafende reagiert sofort
und läßt ihn hinaus in sein Jagdresort
ein Kaktus im Fenster als Gardinenschutz
Stacheln gegen Krallen sind nun gerichtet
doch am Morgen danach, o Teufel, man sichtet
im neuen Gewebe die Tatzenkraft
am nächsten Tag kratzt er draußen an die Scheibe
will rein, tut unschuldig,
so als wäre die Gardine immer noch heile

Wolkenbruch

Fischotter mit Katzenschwanz
der Regen platscht heftig zu Boden
Eimer um Eimer
der Mäusefänger speikt über Grassoden
mitten im Regensee
später auf freiem Schuhregal
Rollkatze zum Trocknen
Fisch wird frei Haus geliefert

Von Buchara nach Samarkand

Endlos bis an alle Horizonte
die Herrschaft
von Wüste und Himmel
kein Auge geschlossen
die ganze lange Nacht
Schlag um Schlag
auf breiten Schienen
bis die Morgensonne
den Sand aufheizt

Plötzlich rauschen vorbei
mitten in der Einöde
aus Lehm und Wellblech
angesammelte Gehöfte
ein Esel im Wagen eingeschirrt
grüßt mit Kopfnicken

Stunden später trifft der Zug ein
im Spiel des blauen Mosaiks
Stadt der drei Medresen
Zenit am Registanplatz
nachts: beleuchteter Prunk
aus früheren Jahrhunderten
Stätten für die Botschaft
von islamischer Zäsur
aufragende Steinsäulen
neben riesigen Portalen

Unter dicken Bodenlagen umringt
von Geschichte und Ruinen
begründet lange vor Christi Geburt
heiße Teeschalen unter Bäumen
stillen den Durst alter Männer
Kamele tragen nicht nur Touristen
Markt und Melonen
gelbe Brause an Automaten
inmitten der Sonnenglut

Erste Zeit

Spiel wie Wind
neue Abenteuer
mit jedem Schritt

Buntes Mühlenland
mit der Spielzeugbahn
auf Reisen

Tag für Tag
ein Stück mehr
von der Welt
Buchbilder erkunden
Bausteine
Freudenschreie
bei der ersten Busfahrt

Samt falschem Dialekt
Wort für Wort
kopiert von
all den Großen
mehr verstehen
als sprechen

Was nicht schmeckt
zurück auf den Teller gespuckt
Eier als Lieblingsspeise
auch Eis steht
auf dem Vorzugsspeiseplan
Popkorn naschen

Windeln und Topf
wird einmal gewesen sein
wie man zuvor
auf zwei Beine gelangte
und es dann
los ging

So zieht
die erste Zeit vorüber
wie etwas das
nie mehr wirklich
sein wird

Nur Fotos zeugen
noch vom Mini-Zelt
und der Federschmuck
vom kleinen Indianerhäuptling
Huahuahua!

Auszug

Wir gehen in die Wüste
uns leuchtet das Blütenblau
alle Tore sind geöffnet
aus der Welt
führen verbrannte Pfade
wer weiß schon
was sich hinter
Nebelfeldern lichtet

Die Alpträume stehen
in Bataillonen bereit
Katzenjammer an allen Ecken
die Größe in Stahl und Beton
setzt keine Zauberkräfte frei
niemand kann sie beschwören
so fliegen die Vögel auf

Schokolade

Aztekischer Trunk
holzweiße Haut
gedeiht immergrün
gelbe Fruchtkürbisse
darinnen Kakaobohnen

Statt Lesen zu lernen
mit dem Schlag der Machete
Narben in die Zukunft geritzt
zuviele verkauft als Kindersklaven
die Not legt ihre Fallstricke aus
ein Leben lang

Hieb um Hieb
flinke Hände, braune Finger
doch es reicht kaum
für den äußersten Rand
alles fließt ab
mit den gezinkten Würfelspielen
marktwirtschaftlicher Elan

Von Armut gefesselte Kinder
nie selbst ein Stück Schokolade gekostet
schuften täglich für jene anderen Kinder
die in den reichen Zonen der Welt
nichts wissen von den Wunden
tief in Afrikas Netzen

Jedes Mal
wenn ich Schokolade kaufe
muß ich jetzt denken
an Pestizidspritzen in Kinderhänden
Milliardensummen streichen ein
diverse Firmenhäuser
denen krumme Kinderrücken
nur ein paar kosmetische
Programme wert sind
und die Werbung präsentiert
ihre Traumsequenzen

So ahnt man erst die Siegelkräfte
lindern können sie
die blinden Griffe nach allem
was nicht niet- und nagelfest ist
und wo dunkle Kinder
tiefe Schnitte tragen davon
zu selten wird „transfair" gekauft
jenseits langer Regale

Trockenzeit

Löwenblicke
sandige Landschaften
Himmelsspiegel
in der Savanne
tief unter steinernen Decken
Reste von
alten Reserven
naß und unerreichbar

Ostseegespräche

Tausende bunte Zaungäste
außer Sichtweite
weiße gediegene Hotels
Mensch-ärger-dich-nicht
mit grünen Hütchen
von zeltbespannten Wiesen
prima Aufklärungsfotos geschossen
durch Tornado-Kampfflugzeuge
die Sicherheit tagt
an den Problemen vorbei
luftige Erklärungen
brettern einfach über
Greenpeace-Schlauchboote hinweg
abgeführt wird der Klimawandel
Afrika ist ohnehin
nicht zu retten
die Demonstranten
blockieren die Zufahrten
Millionenkosten vergipfelt
damit weiter regiert werden kann
über die Völker hinweg
offen und frei
wird rechtsstaatlich geplündert
auch die letzten Enklaven
müssen sich rechnen
die deutsche Kanzlerin kennt sich aus
mit Geschenkpapier

G8
neun, zehn, elf,
jetzt schlägt es zwölf
Minute um Minute
tickt es zu spät

Heiligendamm im Juni 2007

Finanz-Roulette

Parasiten im Prozente-Rausch
Promillegrenzen sind abgeschafft
neoliberale Gebete
als Kirchenspuk für Regierungen
Finanzrutsche außer Kontrolle
Wer schirmt sich hier ab?
Geisterfahrer auf Börsenkurs
Tonnenweise faule Papiere
Pannen rund um den Planeten
Datengeschwüre

Und sie knien nieder
vor dem Werk der Bankentürme
Schirm um Schirm gespannt
auf Volkes Pump zahlen aus
die Regierungen den Hochbezahlten
die spielen und leben von dem
was andere für sie verdienten
und nun Schreck um Schrecken
im Bann der Finanzmafia

Ob wir eines Morgens aufwachen
und alle die wackligen Stützen
wegbrechen Karte um Karte
das ganze überirdische Haus
die Nacht der wertlosen Scheine
so oder so schleicht es sich an
jeder Euro verfällt immer mehr
wenn die Preise galoppieren
imperiales Delirium

Wann werden die eingespart
die Geld zu Geld buchen
in ihren Boni-Nekropolen
Wann wird verboten
schnellender Zinswucher
wie schon die Bibel fordert
Politik und Wirtschaft stöhnen
im Alp der Talfahrten
Arbeitslosenraten steigen
keinem der Geldschinder
droht Schloß und Riegel
so reift der große Betrug

Teuro, Teuro!

Die Täuscher sind echt
weich wird die Währung
für die Zahler ist's schlecht
die ständige Zehrung

Die Ziffern halbiert
erscheinen ganz preiswert
die Quittung serviert
wenn das Konto sich leert

Statistik bleibt Glaube
geschönt sind die Zahlen
die steile Preisschraube
sehr haltbar trotz Wahlen

Es nimmt kein Ende
die Kosten, sie steigen
käme keine Wende
was würde sich zeigen?

Von mangelndem Willen
zu europäischer Demokratie

Wann wird
die erste Regierung aus dem
Europäischen Parlament
heraus gebildet:
der Mehrheitsfraktion
oder Koalitionen?

Wann verschwinden
die Kommission
und der Ministerrat und
alle die anderen Ausläufer
europäischer Regierungsdiktatur?

Wann wird nur noch das
in Straßburg und Brüssel entschieden
was sich nicht
in den Ländern oder Regionen
viel besser entscheiden ließe?

Wann werden
die 25000 Lobbyisten
die sich tummeln
um die europäischen Institutionen
endlich nach Hause geschickt?

Wann wird das politische Europa
begrenzt auf
wenige wichtige Entscheidungen
entfernt bürokratischer Zentralismus
der Anti-Europa-Parteien
geradezu zwingend
auf die Agenda ruft?

Wann wird
der letzte Propagandist verstehen
die Völker wollen keine
vormundschaftliche Eurokratie
die in sich trägt die Brut
für künftiges Diktat
ein gescheitertes Modell
das bei jeder echten Volksabstimmung
verlieren würde

Wann beginnt man zu begreifen
das sich Völkerfreundschaft
nicht gründen läßt
auf fernen Richtlinien
Demokratie nicht funktioniert
ohne öffentliche Debatten
gespeist von der Kritik
aus dem Leben gewonnen

Wann landet
das Raumschiff Europa
wieder auf irdischem Boden
wird demokratischer Rückschritt
konsequent überwunden
die nationalen Parlamente
nicht länger deklassiert?

Meine polnische Erfahrung

Mit Gesten unverständlich bleiben
nur polnische Briefmarken
am Schalter kaufen
für Postkartengrüße

Klares Deutsch hinter mir
binnen Sekunden
ein gelöstes Anliegen
dazu noch eingeladen
auf einen Nachmittag
zum Kaffee

Später erneut für eine Woche
polnische Suppe serviert
Spitzengeschmack
in Läden fehlte es an Fleisch
dafür Waren
die es bei uns nicht gab

Die alte Frau und ihr Mann
lebten einst östlich
vom heutigen Polen
erfahre zum ersten Mal
vertrieben wurde auch dort
nach dem Hitlerkrieg
nahe der Oder
mit nichts begonnen

Nie vergesse ich den Ruck
die schäbigen Gehöfte
begannen gleich hinter der Grenze
doch die Natur mit mehr Raum
sie fließt urtümlicher
in die Weiten

Noch immer steht
die winzige grüne Vase
auf meinem Regal
ein Geschenk
es erinnert mich
an meine erste
polnische Begegnung
wie mir begegnet wurde

Im Ural

Weiße Pelzkappen
aus Holzhäusern dampft es
beintief versinkt man
in Parade angetreten
Birkenstämme
morgengelb

Leitplanken verschollen
die weiße Straße hinauf
Rillen im dicken Belag
Lifte ziehen
Skibegeisterte nach oben
steile Abfahrten
in Schleifen hinunter
am Adschegardiak

Holzbeplankt und aus Stein
hellblauer Wasserturm
verlassen von der Zeit
Züge in rascher Folge
poltern über Eisen
nichts verrät mehr
die verheerende Explosion

Station Ascha
übersichtlich, modern, warm
Detektorentore
nerven wie überall
wenig Arbeit
für viel Bahnmiliz
nur mit dem Reisepaß
sind Billets zu erstehen

Sonnenhänge
Schattenspiele im Tal
Bäche gurgeln
in Schneetunneln
am Gipfel Bewuchs
unter weißer Skulptur
mehr als 20 Grad Minus
wird die Nacht beziffern

In der Tundra

Eisiger Nordwind
schleift über die Landschollen
weiß in weiß
toben die Elemente
selbst Stoffmasken
mit Mund- und Augenschlitz
schützen nicht in dieser Öde
verlassen von allen Geistern

Meter um Meter
Tote im Bahndamm
überschüttet vom Terrorwahn
Hunger als Lohn
die Strecke zum Jenissei
gepflastert von unschuldigen Schicksalen
mörderischem Plansoll
Stalin wies an
was sinnvoll hätte sein können
unter anderen Umständen

Doch der Flußriese Ob
sein Schlamm unbezwingbar
so fuhr nie ein Zug
auf jener nördlichsten Strecke
umsonst die Plackerei
rudern in Mückenschwärmen
die Tundra knetete
Gleise und Damm
zu Dellen ins Land.

Kontinentales Klima

Die gestaute Kama
am anderen Ufer
der langgestreckte Hügel
eine Hälfte unsichtbar
hinter graublauer Wand

Über der Stadt
die Sonne sticht
doch das eine Wolkenfeld
binnen Sekunden
spült sich der Himmel frei

Das Haltestellendach
fängt kaum ab
Straßen schwellen zu Flüssen
Selbst beschirmt
legt sich niemand an
mit den Regenpeitschen

Набережные Челны, Sommer 2014

Jagdtrieb

Der graue Tag
legt sich in Pfützen
vier Tölen
tummeln sich
auf einer grünen Verkehrsinsel
einer größer als ein Wolf
mit Zitzen
die anderen etwas kleiner
dunkelbraun und hellbraun
Bäume und Büsche

Gelegentlich fährt ein PKW vorbei
weicht den Straßenwassern aus
da legt die Meute los
von zwei Seiten
springen sie das Auto an
keinerlei Furcht
der Fahrer in Not
versucht der Bande auszuweichen
spritzendes Pfützenwasser
stört nicht

Vereinzelte Fußgänger fallen sie nicht an
nur fahrende Autos begeistern

Набережные Челны, Sommer 2014

Wenige Minuten

Wie aus dem Nichts
urplötzlich stürmt es
Staubwolken türmen sich auf
treiben voran
vom Stauseestrand
und Baustellen her
breite Straßenfluchten
zwischen den Stadtblöcken
vierspurig

Wenig später
als ob es
den dichten Staubnebel
nie gegeben hätte
feine Körnchen
noch im Auge
und zwischen
Haut und Kleidung

Von der Pekarnja her
duftet frisches Weißbrot
frischer Käsequark
runde Form
von warmem Teig umhüllt[1]
jeden Tag
aufs Neue
eine Versuchung

Набережные Челны, Sommer 2014
[1]Росен Творогом

Im Eismeer

Man sieht schon
wie Putin
in Heldenpose
schwarze Eisbären
schrubben wird

Natürlich würde
er nie zugeben
das die
Greenpeace-Aktivisten
recht gehabt
haben könnten

Welche Piraten
und Rowdys
da wohl im Kreml
hochgestapelt haben?

Wer mag wohl
eher ins Gefängnis
gehören?

Lamentate

Zur gleichnamigen CD von Arvo Pärt

Auf den Rücken dieser Welt
Punkt für Punkt
die Töne im Großen
im Fluß von Leben
die Sedimente der Trauer
allumfassend, endgültig

Gegenübertreten
dem ewigen Nichts
alle Qual und Pein
in Musik gebunden
existentiell
und dennoch
das Göttliche schauen

Laßt uns die Kreuze abnehmen
und feiern die Feste
irdischen Seins
aufbegehren gegen Unrecht
und aushalten den Text
der aus den Fugen
dieser Welt rinnt

Tonfolgen die ein Band
zwischen allen Teilen
zum Leben erwecken
Schreiten aus den Räumen
bevor das Jenseits
uns für immer nimmt

Arabischer Wandel

Ein paar Areale Freiheit
mit arabischen Flaggen
das Volk pocht auf seine Rechte
einige Machthaber
müssen ihre Plätze räumen
doch wohin ziehen
die Karawanen danach?
Bürgerkriege setzten sich fest
in einigen Gliedern

Es siegt noch immer der Glaube
Europas Schaufenster
würden auch jene Familien stillen
die in einfachen Lehmhütten
vom fremden Tag
eintüten die Visionen
von denen mancher
andernorts schon ahnt
das sie mitten
ins Verderben führen

Welche Botschaften
werden die Prediger
aussenden?
Wohin wandeln sich
die weiten islamischen Felder?
und doch jede Stufe
zu mehr freiem Atmen
nicht gering schätzen

Deutschland liefert
über undurchsichtige Pfade
einigen Machthabern
immer noch Waffen
um Volksaufstände
niederzuschlagen

Welcher Geist wirkt nach
dort wo die Waffen
ihre Sprache
hinterlassen haben?

Verfaßtes Versagen

Paulchen Panther
auf leisen Sohlen
Banküberfälle
für die neue Front
Schmauchspuren
ihr Kampf
um die braune Ekstase
und ein Staat
schlafender Beamter
jämmerlich
an der Nase
herumgeführt
für Hinterbliebene
ausgebreitet
der falsche Verdacht
so reisen Killer
auf großer Spur

Frauenschicksale

Endlos die Fahrt
der kalten Züge gen Osten
entlang durch die
verbrannten Orte
blanke Holzplanken
die toten Frauen
luden sie aus
an fernen Stationen
Ruhr und Typhus
zehrten an den
verbliebenen Leibern

Über jene Grenzen
pflügten zuvor
ihre Männer und Väter
mit Eisen und Blut
hinweg über fremde Völker
die braunen Herrentaten
zurückgeworfen
auf die Hungersaat
und bloße Hände
gruben im Schutt
einer ganzen Generation

Panzerrohre streckten sie nieder
immer mehr ging unter
dort wo einst der Vater
als Kind geboren
hatten nicht alle Frauen
die Flucht geschafft
nur einige kehrten zurück
aus jenen Arbeitslagern
und dem geschundenen Land
auf den Knochen ihrer selbst
unzählige Heimatorte verschollen
Danzig und Breslau
ausgelöscht

Sie trugen an der Last
jener erbarmungslosen Wut
für die Taten der anderen
unter Stalin litt man mehrfach
Wanzen und Flöhe
deren Geiseln wurden sie
und viele Kinder
überlebten die Lagerwelt nicht
es gäbe mich nicht
wäre die Flucht mißlungen

Nicht nur deutsche Frauen
wurden vergewaltigt
Häuser und Ernten schwarz
der Hunger hinterließ
seine eigenen Schneisen
und die deutschen Bomben
löschten und löschten
kein Ende schien es zu nehmen
dieses Brennen und Rauben
und Sträflingskleidung
in deutschen KZ's
von vielen blieb
nicht mal der Rauch

Auch jene Frauen
die zurückkehrten
ins geteilte Deutschland
standen ausgestoßen
in Ost und in West
und die Bruchstücke
schienen ihre eigene Bürde
und ostwärts
gab es nicht nur Millionen
Frauen deren Männer
auf den Schlachtfeldern
zurückgeblieben
zuvor und später
hielten Stalins Bluthunde
reichlich Beute

Gefangene gab es
auf beiden Seiten
deutsche Lager
konnten tödlicher sein
gestorben und gestorben
wurde unter allen
Menschenhimmeln
immer wieder hielten die Frauen
die letzten Nachrichten
über ihre Männer
in den zittrigen Händen
oft nicht mal das
endlos die Schicksale
und der Malstrom des Sterbens

Besondere Treffer

1941

Ein riesiger Schlund öffnete
schwarz leuchtete das Meer
fernab der Krim
das rote Kreuz
der Pilot wußte es besser
gurgelnd besiegelte
zog mit sich in die Tiefe
gezielt getroffen hatte
die Heinkel He 111
das Larzarettschiff Armenija
acht Menschen von
weit über Fünftausend
jener feste Grund
schwamm davon
auf der Flucht
vor Hitlers Armeen
die seinen totalen Krieg
in unerbittlichem Format
soweit die Füße tragen
schwand der Sowjetboden

1945

Gezielt getroffen hatte auch
das sowjetische U-Boot S 13
niemand griff nach den
unschuldigen Händen
ein rotes Kreuz trug
die Wilhelm Gustloff nicht
nur die Positionslichter schienen auf
ganz Ostpreußen floh
vor den eigenen Verbrechen
die man zuvor in den Osten
mit Flammen von Haus zu Haus
immer wieder brach das Eis
die im Stahlgrau bibberten
steuerten nicht nach Kiel
in all den Wassern
die eisige Kälte tötete schnell
Neuntausend in Summe
S 13 torpedierte die Steuben
weitere Viertausend
fielen dem Ostseeschlund anheim
L 3 schnappte nach Goya
Siebentausend versanken
so lag die braune Kreatur
der Kopf fast am Boden
bevor tausend Jahre um
zu Geschichte wurden

II

Doch vorher bomben
alliierte Fliegerverbände
wie unsichtbare Hände gleiten
die deutschen Endlösungen
treffen noch einmal drei Schiffe
Cap Arcona, Thielbek und Athen
verschwinden in den Fluten
voll mit KZ-Häftlingen
aus dem Lager Neuengamme
ein achttausender Schlag
traf tödlich diejenigen
die keine Schuld traf
auf japanischen Schiffen
ertranken immer wieder auch
die alliierten Kriegsgefangenen
im Sog zerstörter Rümpfe

III

Knochenmale am Grund
vom großdeutschen Wahnsinn
und offensichtlich mahnen
sie nicht mehr deutlich genug
für die Reichsnachfolger
in Regierungsämtern
im einstigen Naziland
wieviel deutsche Kriegsschiffe
patrouillieren heute schon wieder
im Namen welcher Ideologie?
und wann wird wieder
heiß geschossen und wofür
sind deutsche Truppen unterwegs
vielerorts in der weiten Welt?
die Krankheit scheint
nicht ausgeheilt

Kriegsmission

Ostwärts
folterte sich mit Furor
schließen Holztüren
Kirchen niederbrennen
Frauen, Kinder, Männer
Städte und Dörfer
einäschern
deutsche Wertarbeit
alles nach Plan
mit festgelegter Mittagspause

Hunderte erschießen
Ernte, Butter, Hühner
für die deutschen Truppen
jene die bleiben
vegetieren in Hungerkellern
immer fahren
die Fahrer falsch
die Abgase sollten
erst einschläfern
nicht sofort ersticken
in den grauen Kästen

Als die rote Armee
westwärts drängte
da wurde enterdet
unter Nazibefehl
gestapelt auf Holz
damit die Untaten
Asche werden
und man beginnt
zu verstehen
warum Brautpaare
im früheren Sowjetland
und auch heute
an ihrem weißen Tag
aufsuchen die Stätten
wo gedacht wird derer
die einst befreiten
ihre Mutter Heimat

Leseempfehlung: Paul Kohl: Ich wundere mich, daß ich noch lebe

Die Gestalt wandelt sich

Wieder führen wollen
die Nationalen
speziell auch bei Kriegen
wirtschaftliche Interessen
oder sind es schon Raubzüge?
Ressourcen seien zu schützen
Handelswege beschußfest auszubauen
es grüßt Groß-Germanien
an vielen Stellen
in Wirtschaft und Politik
die Stalingrader Lektion liegt
schon zu weit im Dunklen
man sucht neue Spielwiesen
um die Haut abstreifen zu können
die man nach 1945
sich zulegen mußte
und hervor kommt
eine neue giftige Natter
seit 5 Uhr 45
wird jetzt wieder zurückgeschossen
die anvisierte Richtung
wechselt von Fall zu Fall
einstweilen wollen sie
Verantwortung übernehmen
auf Hochrüstung trimmen
NATO-Beschlüsse
es wird nicht nur befriedet
wo Staaten heimgesucht
von Schwindsucht
vorbeugend Konflikt gedämpft
wohin mäandert jener Ungeist
der zu oft waffenstarrend
eingreift jenseits
deutscher Grenzen?

Zeit der Wölfe

Laßt einstweilen die Wölfe ziehen
so wir selbst nur Bruchstücke sind
wie Freiwild werden wir fliehen
bald taumelt die Menschheit blind

Sie werden den Schliff bekommen
der hinter den Irrlichtern lauert
selbst größte Monumente zerronnen
solange ihr Raubzug dauert

Sie reißen die Opfer wieder
Geduld hilft den Schwachen nicht
drum brennt ihre Pfründe nieder
hier rettet nicht ewig Verzicht

Doch fällt die Stadt zu Schanden
setzt nie auf tumbe Gewalt
wem nützen marodierende Banden
hört ihr wie Schweigen hallt?

Meine Poetik

Nicht nur in Verschattungen
Wörter tippen

Poetik und Antipoetik
so ineinander verstreben
sich ergänzen lassen
eine neue Legierung finden

Sich um Vorschriften
nicht kümmern
vertrauen auf die Magie
die zwischen
den Sprachen zündet

Sich nicht verbiegen
mit ordnungsgemäßer Dichtung
eingeübter Selbstverleugnung

Klare Aussprache
auch zwischen den Zeilen
abblenden in verschiedenen Winkeln
scharfstellen

Kryptische Spielereien
können nicht alles sein
schöpfen mit der Wörterkelle
austeilen

Keine uniformen Verse
langweilig auf Dauer
zwischen verschiedenen Sphären
wandern mit Sinn

Zeilen
immer gut
für eine Übertretung

Barack Obama in Berlin

Da möchte man doch hoffen
wer zieht schon 200.000 an
zumal Wort um Satz englisch
er gibt immerhin zu
es wurden Fehler begangen
so erntet man Applaus

Er steht und spricht geradlinig
auf dem Podest vor der Siegessäule
noch ist sein Sieg nicht sicher
Anzug, Krawatte bestens in Form

Präsident George Bush ist nicht
der einzige Verrückte in Übersee
nun sollten endlich verrückt werden
die Prioritäten in Washington
und das geredet wird
mit der iranischen Seite
wie auch in vielen anderen Dingen
und nicht spekuliert auf billiges Öl

Es wird auch wirklich Zeit
das die Atomraketen verschwinden
vom amerikanischen Kontinent
wie auch sonst in aller Welt
Friedenspläne geschmiedet
wie Gorbatschow sie einst angestoßen

Westverschobene Eitelkeiten
man horte sie aus der Rede heraus
die deutsche Grenze liegt eben nicht
ein Stück weiter östlich von Kabul
Afghanistan ist weder Sowjetrepublik
noch amerikanischer Bundesstaat
da helfen auch keine Luftbrücken

Steigt Amerika endlich ein
in die solare Revolution?
ökologische Umkehr dämmert noch fern
Kyoto reicht längst nicht mehr hin
die große Misere ist sicher
und kein leuchtendes Freiheitsfanal
kommt dagegen wirklich noch an

Die Farbe Ocker

Land der Mohnblüten
soweit die Augen reichen
zieht auf die Spritzen aller Welt
mit dem Stoff der Stoffe
Aufschwung in Afghanistan
in den fruchtbaren Tälern
unter westlicher Besatzung
reift alles viel besser
als unter den Taliban
seht die weißen Westen!
und die Drogenbarone pressen ab
ihren dämonischen Tribut

Warum marschiert Deutschland
mit amerikanischem Marschbefehl
nicht in Saudi-Arabien ein
wo die New Yorker Turmflieger
wirklich hergekommen waren
wie kam man eigentlich
auf die Taliban in Afghanistan?

Wie lange sucht man dort schon
nach Osama Bin Laden vergeblich?*
welchen Sinn ergaben Bomben
wo alles schon Kriegswüste war?
warum stürzt man einen Staat
um ein paar Lager zu räumen
in der afghanischen Bergwelt?

Wie gelangt man
von Stalingrad nach Kabul?
warum flogen die englischen Besatzer
zweimal aus Afghanistan raus
und warum scheiterte
die Sowjetunion mit Panzerdivisionen
und rüsteten die USA
ihre Nichtverbündeten auf?
warum ziehen all die Angriffe der NATO
die Besatzungstruppen immer tiefer in
in einen ungewinnbaren Krieg?

Wie ist das mit der Ölpipeline
die durch das Land führen sollte?
Welche Rechnungen wurden
aufgemacht damit das Öl
den Westen schmiert?
Warum handelten die USA
mit den islamischen Gotteskriegern?
paktierten mit denen
die den steinernen Riesenbuddha
in Stücke sprengten?
warum kooperierte man später
mit den grausamen Kriegsfürsten
der Gegenseite?

Neue Asphaltstränge
führen durch das Ockerland
die Korruption treibt immer kräftiger
Versorgungsadern sind
beliebte Ausflugsziele für Anschläge
wer wirklich helfen wollte
vertreibt mit seinem Verhalten
nicht die Helfer aus dem Land
Schulbücher verteilt man nicht
aus Panzern heraus
und zum Salut
schießen die Amerikaner
immer mal wieder
Hochzeitsgesellschaften
in Blut und Boden
hat da vielleicht eine Frau
die Burka getragen?

Hitler kam nur bis Stalingrad
jetzt steht Deutschland
an der Grenze zu China
die Angriffslinien sind neu
welches deutsche Bundesland
dort wohl liegen mag?
das Grundgesetz scheint Makulatur
und Angriffskriege wieder erlaubt

Der deutsche Überfall auf die Sowjetunion
nur eine humanitäre Friedensmission
zur Befreiung von Stalins Terrorregime?
so käme man zu ganz neuen Einsichten
könnte nächste Einmärsche küren
um neue Diktatoren zu kegeln
das Völkerrecht weiter
biegen und brechen

Die Turbane wehen
über die Knochenfelder
von mehreren Schichten Krieg
neue Schulen und neue Hütten
deutsche Hilfe würde nützen
auch echte Polizei ohne Korruption
will ausgebildet sein
doch deutsche Panzer
gehören wie einst die der Sowjets
nach Hause ins Depot!

* Zehn Jahre nach dem Anschlag wurde Osama Bin Laden in Pakistan von den USA
  aufgespürt und hingerichtet.

Die verzwickten Folgen
von Kriegslust

Da kämpfen Regierungen
ohne Volk in Afghanistan
zwischen welche Linien
gerät so die Wahrheit?

Per Volksentscheid
wären deutsche Truppen
längst zu Hause

Auf welcher Seite stehen jene
deren Macht man ergriffen hat?
zwischen welchen Fronten
liegen die Menschenrechte?

58

Da ist der Kreuzzug
den die Sowjets begonnen hatten
den NATO-Truppen
ziemlich ins Gebein gefahren

Warum wollte man
aus den Fehlern
der deklassierten Supermacht
nichts lernen?

Unwissenheit kann es wohl
nicht gewesen sein:
hielt man sich für unbesiegbar?

Ist der langsame Rückzug
ein Rückzieher
weil man gescheitert ist?

Was wenn eine Zeit käme
wo die Führer westlicher Truppen
gezielt gesucht und ausgeschaltet würden?

Von Amerika lernen - heißt siegen ...
ein schönes Vorbild haben wir da

Welchen Boden bereiten
die Sprengfallen der einen
und die Killerkommandos
der anderen Seite?

Wieviel Unschuldige sterben
für das jeweilige Rechthaben
der Kontrahenten?

Wo führt sie hin
diese Blutspur?
die aufgetretenen Haustüren
jene Stiefelparade
im Herzen Asiens?

Mehr als 2300 eigene tote Soldaten
spielen offenbar keine Rolle
bei den Rechnungen
westlicher Regime

Räume

Unterwegs
Ufer um Ufer schwindet
auf welchen Fluren
wandle ich?
wo balanciere
ich in Zwischenwelten
nicht hier, nicht dort?

Welche Räume abseits
halten sich
vor mir verborgen
wo bleiben mir
Sichten verschlossen?

Schon lang bin ich
nicht mehr hier
und weiß nicht
wo ich noch ankomme

Aus dem Nichts
erscheinen Inseln
bevor alles vergeht

11. Sinfonie

Stunden der Schwebe
an einer Kaskade von Epoche
entstiegen aus dem Volke
tragen Lasten tragen
im Stillen spricht die Armut
über allem flaggt der Zar
es drücken die Zellen seiner Diktate
am Firmament verloren
leise Töne der Mühsal
die Wut eines weiten Landes

Die zaristische Antwort
fällt Blut in Blut
vor dem Winterpalast
friedliche Arbeitermassen
Klänge in machtvoller Ordnung
Ekstase der eigenen Kraft
drängen in den großen Wandel
zurück bleibt Stille und Andacht
geschossen wurde in die Menge
wen wundert später 1918
der Zahltag für den Zar?
Unrecht zieht Unrecht

Musikalisches Fanal
im Sog der Blutsonntage
überall gegen die Metastasen
die von dieser Welt sind
Klang für Klang
die Schneise einer freien Ferne
im Umsturz die Sehnsucht
ohne die vielen Falltüren
Jahrhundertschritte
können gelingen

Symphonische Sternstunde
mögen die Revolutionen kommen
wenn sie nur den Ton beibehalten
die Spur der Noten
die zeugt vom freien Geist
wird etwas bleiben
von dieser geschundenen Erde
wird Rat sein
von dem was genug
oder endet alles so still
wie Schostakowitschs erster Satz
bis uns der letzte Ton
verdämmert?

Inspiration von Hoffenden
die Stunde der Brücken
da will etwas bleiben
sanft, aber machtvoll gestimmt
das erlöst aus den Mauern
überkommener Regeln
da bleibt der Klang
eine Revolution der Güte
Essenz die hindurchläuft
viele Generationen lang

Blaue Zypresse

Traumbilder
im hellen Nachtblau
in den Himmel geritzt
mondrote Sphäre
St-Paul-de-Vence
französische Silhouette
und die Spuren
einer jungen Frau
in der Sommerdämmerung
Juliblüten gebunden

Wo kann man noch so
in blauen Schatten liegen
behütet neben einer Zypresse?

zu dem Bild „Schläferin mit Blumen"
von Marc Chagall (Albertina, Wien)

Halbinsel

Saatgänse sammeln sich
Wiesen im Wasser
Gräser, Kräuter, Flechten
Erntereste auf dem Speiseplan
im Zwischenstop
beim Flug in den Wintersüden
Hunderte tummeln sich
Rinder grasen auf Boddeninseln

Regatta der Rotsegler
gespannt ist auch das letzte Tuch
Boot um Boot
zieht in den Wettkampf
Wind, Form und Geschick
peilen am Erfolg
wo einst die Fische
kutterfrisch an Bord gezogen
gerade hier wird vermutet
jenes sturmgeplagte Vineta

Wolken nehmen
den Mond in die Hände
je in ihrem Licht-Rhythmus
morsen sich die Leuchttürme zu
zwischen Hiddensee
und Darßer Ort
frische Seebrückenluft

Rote Lichterketten
blinken Flügelfortschritt
wo Meer und Himmel sich trennen
der Preis erneuerbaren Stroms:
das Nachtmeer darf nicht mehr
im Dunklen schäumen

Pferdeinselland
Übungsrunden für die Kleinen
Dressurreiten für Geübtere
Zügel und Hacken
lenken über Wiesenwege
mit den Zähnen
frischer Löwenzahn gerupft
wiehern zuweilen
beim Dorffest
werden Hufe
mit Nägeln neu beschlagen
es dampft und stinkt

Kraniche ziehen keilwärts
üppige Maisernte lockt
ein Trompetenkonzert der Extraklasse
abends schwarmweise zurück
in räubersichere Quartiere
bald fliegen sie weiter
in spanische und französische
Wärmezonen

Die Strände von einst
verlaufen mitten durch den Wald
Dünen und Reste von Morast
meerwärts windgegerbter Küstenabbruch
samt grünen Kronenflüchtern
die Sande schwinden
und landen wieder an
wie es die Strömung will
und ewig baut das Meer
an seinen Brücken

Halbinsel Fischland-Darß-Zingst, 2010

Jüterboger Impressionen

Im Spiegel des Bocks
Müntzer predigte hier
38 Türme wachten
einige stehen noch
Stadtmauerreste
Damm- und Neumarkter Tor
der Autostrom weicht aus
vieles 15. Jahrhundert
das Mönchenkloster gerettet
heute Ort für Bücherfreunde
nach Zinna läßt sich
noch altes Gemäuer passieren
Ablaßbriefe verkaufte Tetzel

3 Uhr 15 Wecken
klösterliche Gesänge
Gottesgemäuer aus Feldstein
beten und arbeiten
in festen Rhythmen
Kreuzgänge nur noch zu erahnen
zwei Mahlzeiten 11 und 18 Uhr
asketische Traditionen
wider den Konsumismus
jedoch Besitzungen
weit über brandenburgisches
Gebiet verstreut
Zinnaer Klosterbruder destilliert
20 Uhr Nachtruhe

Feldschlag für Feldschlag
erobert der Mais die Regionen
Fruchtwechsel womöglich unbekannt
unersättlicher Bedarf obsiegt
Münzen und Scheine
die irgendwann heimgezahlt werden
abgezogene Garnisonen
jetzt breitet ihre Flügel
die Wildnis über wundgeschlagene
militärische Flächen, Munitionsreste

Skater bekurven Dämme
die einst Bahngleisen
zugehörig waren
verrückte Politiker
betonieren eine neue Autobahn
von der Hauptstadt
durch Wald und Feld
dunkel bleibt der Sinn
der Jüterborger Keule

Krumme Lake

Gefügt in Grün
und Wälderdickicht
schilfumringtes Wasser
am Ufer Birkenfrisch
Gelb am Boden
winzige Blüten
Vogelbeeren im Schatten
Farne sprießen auf Morast
ausgedehnte Erlenzüge
Graureiher versteckt

Mit Eulenschild
ist alles geschützt
baden gilt als illegal
im Minutentakt
schrammen Flugzeuge
tief über Wipfel
Räder ausgeklappt
willkommen im Vogelschutzgebiet!
Blech und Krach am Himmel
Schwimmer finden sich ein
bei Sommerglut

Bunt und Braun kleidet
von September an
später der Frost
spiegelt mit der Eisglätte
die Sonne zurück
still dämmern alle Pfade
die Schwarzröcke
pflügen solange es geht
selten liegt noch Schnee
auf Kiefernkronen
das liegt nicht nur
am Fliegerwahn

Krumme Lake bei Berlin-Müggelheim

Molveno

Öffnen die Balkontür
blicken auf meerfrisches Türkisblau
den Hang über die Häuser hinweg
von Bergwäldern eingefaßt
graue Spitzen thronen
Brenta Dolomiten
immer mal wieder
streifen hoch oben
Wolkenfasern die Gipfel
leichte Brise nährt Wellen
nachts spiegelt Mondweiß
Lago di Molveno

Kirchturm getrennt vom Schiff
abschüssig
kleine Gassen
längssteiniges Pflaster
kombiniert mit größeren Mustern
eng verschachtelte Häuser
verwinkelt, mehretagig
wie zu einem Laternen-Traum
verwandelt sich alles erst
nach Mitternacht
wenn Stille zieht
in die Häuserzeilen

Eilig schneiden
goldfarbene Ventilatoren
Weinflasche gestukt
ins Eisgewürfel
der gläsernen Schale
Kellner schwirren
mit Salaten und Pizza herbei
auf die überdachte Terrasse
zweite Etage im Haus
erreichbar über
ein schmales Treppchen
Schlaglichter auf das
alte italienische Dorf

Mediterranes Schwimmen
wie Meer und Berge an einem Platz
enge Tornanti*
führen hinauf zum Dorf
rotbraune Sandsteinwände
ein Polizist wirbelt
mit schwarz-weißem Verkehrsstab
Touristen fordern Tribut
Lifte entführen
mit den Seilen
in die kühlere Bergwelt

* Kehren

Geister mit Schleimspur

Nach Mitternacht
interessieren sich neue Gäste
in wilder Verrenkung
unglaublicher Transport
schwarzgraue Kriechkreaturen
schleppen Brekkies
von dannen
aus dem Katzennapf

Partnachklamm

Wasserstaub
grün behängter Himmelsspalt
Tropfenvorhänge
trübes Element
strudelt dahin
über die steinernen Schwellen
tosend bedrängt es
die Ohren

Tiefgeschnitten Felsschlünde
in der Steinfalle
Baumstämme
von der Gefahr
zeugen Berichte
einst konnte
das Leben der Preis sein
damit Bretter
die Sägemühle verließen

Offenes Waldtor
am oberen Ende
glattgespülte Steine
der zweigeteilte Bach
aus Berghöhen
fließt vor dem Nadelöhr
ins grauweiße Massiv
hinunter

Terrassenstühle
hoch oben auf dem Hang
deftiges Gulasch
serviert vom Forsthaus Graseck
Alpentalweite
eine Miniseilbahn
surrt zurück ins Tal
verdeckt bleibt
die nahe Zugspitze

Der dürre Gletscherrest
durchzogen von
eiligen Rinnsalen
abgesetzte Schmutzfilme
die Sommerwetter
zehren am Eis
nur wenige Jahre noch
und die Zukunft heißt
braunes Geröll

Winterlos

Erst kurz vor Weihnachten
verblich die letzte Rosenblüte
schon nach Neujahr
blühte das erste Schneeglöckchen
Ob die Schneemänner
im Februar noch kommen?

Väterchen Frost

Gläsern, der Drache
strahlt im Sonnenleuchten
Winterthrone
warten auf Kinder
an der Weihnachtstanne
Märchenpanoramen
aus Eisblöcken, Reliefs
Künstler mit Meißel und Wasser
Schliff für die neue Jahreszahl
Pferde dampfen
vor ihrem Kufengefährt
die Eisgiraffe staunt

Djed Moros als roter Riese
an seiner Seite
Snegurotschka in Blau halbhoch
Rutschbahnvergnügen
für den kleinen Nachwuchs
Plastik mit Griff
als Hosenschutz
mit beheizten Kabinen
behängt das Riesenrad
Blick über die Schneestadt
Wellen ins Land dahinter
ein theaterblaues Dach, wuchtig
hütet die Bühne

Mit wehendem Mantel
Lenin bleibt
auf seinem Sockel
und zeigt hin
zu den Augen
der strengen
Rathausfront
russisch-baschkirisch beflaggt
ob auf das Steinpodest
so ganz aus Bronze
steigt bald Putin ...
genug provoziert hat er
so verdient man sich
den Spott allerorts
ein ehrlicher Abgrund

Drei Schweinchen
die Eisaugen
mit Rubelmünzen signiert
wer hat sein Haus
aus Stein gebaut
auf das ihm
der Wolf nichts umpuste
oder andere Gauner?
an diesem Neujahrsmorgen
fallen in manchem Heim
kleiner aus die Geschenke
aus den weißen Weiten
der Ölpreis beziffert die Inflation

Tjubing
so heißt der Luftreifen
Fahrt aufnehmen
auf der bebretterten Rampe
eisbeschichtet
ein Ruck
und los geht es
auf die abschüssige Bahn
in die lange Strecke
Frostkristalle
an Schal und Mützen
heißer Schwarztee mit Zitrone
wird gereicht
im Kiosk nebenan

Himmelblau
die Roschdestwo-Bogorodskij-Kirche
Goldkuppeln, Kreuze
drei Balken, einer schräg
in der Dämmerung
im Kircheninneren
ein Kerzenort
geheimnisvoll, dunkel und still
über der zentralen Straße
schwebt grünweißblaues Ornament
aus Lichterminiatur
auf der baschkirischen Bühne
das Ballett rundet
nach Tschaikowskis Noten
Schwanensee

74

Wann wird
ein neuer, anderer Salawat Julajew
endlich siegreich sein
ansetzen zum Sprung
mit seinem gewaltigen Pferd
über den weißen Fluß
Waldweite zu Füßen
überwunden sein
die Phalanx
immer neuer Zarenhöfe
die Kryptik der Macht?
einst Bauernaufstände
neue Umbrüche lauern

Das junge Jahr
wechselt sich ein
Riesengeschenke
vor geschmücktem Tannenbaum
täuschen
zum Mitternachtsläuten
hält der Präsident Ansprache
fernsehern
Brücken harren
auf eine lichtere Wegstrecke

Ufa 2016

Spitzbergen

Arche im ewigen Eis
so hoch über Null
das niemals Fluten
sie durchspülen

Pflanzen
Samen über Samen
soweit die Kisten reichen
für den Fall aller Fälle
gesammelt

Am Klimaruder ziehen wir
bis die letzten Sicherungen
ausklicken

Niemand weiß
ob nicht vielleicht doch
ein Irrer kommt
der mit roten Knöpfen
austestet

Doch wer wird finden
wenn sich verzogen hat
die apokalyptische Dynastie
wenn die neue Steinzeit
Einzug hält?

Es fehlen nicht nur
gängige Festplatten
die Netze der Zivilisation
Weizen, Gerste, Reis
so läßt sich der Hunger
vielleicht besiegen

Wo ist die Eis-Arche
für die Bäume, Gräser, Blumen
und all die Spuren
die fehlen werden
im Staubland?

Was wird sein
wenn das Grönlandeis
auseinander gleitet?
Wann fangen wir
an in Ostantarktika
Tunnel zu legen
am richtigen Platz?

Aber wer wird noch Schiffe führen
wenn alles niedergetrampelt ist
sich nur noch
versprengte Reste sammeln
wir in Erdlöchern wohnen?

Eiswelten

Eisbären im Nebel
In der Tundra neue Wasserebenen
Seht wie die Gletschermühlen
Wassergeister außer Rand und Band
Es sinken schief die Häuser
Land befreit aus frostigen Sperren
Teuflisches Dünneis beim Fischfang
Ein Sommer mit erster Kartoffelernte
Nanuk auf seinen letzten Gängen

Von dort kippt alles

Türkis und Blau
der Fluß strömt
in Gletschermassive geschnitten
ein Grand-Canyon in Weiß
wo der andauernde polare Tag
jegliches Sternlicht löscht
selten grüßen Sonnenhunde

Grönland aus dem All
ein Blick auf immer mehr Seen
sie sammeln sich an
und schwinden in Stunden
hinab in tiefe Eisschächte
dringen in den Untergrund
zeugen reibungslose Flächen
tonnenschwerer Gletscherschutt
Kolosse kalben ins Meer
das wärmere Wasser
zieht an die Ungetüme
immer schneller

Nur hoch im Norden
verblieb eisiges Grönlandmassiv
die letzte Warmzeit
als Flußpferde badeten im Rhein
es sackte der Eispanzer
in immer tiefere Lagen
beginnt das gigantische Tauen
fünf, sechs Meter
hob sich alles Wasser
auf dem lebendigen Planeten

Der weiße Meereskontinent
die Forscher irrten
Jahrzehnte schneller als vorhergesagt
brennt sich ozeanschwarz
die Sommerschmelze voran
frei liegt die Wrangelinsel
rasant schwanden die Iglus
aus deren Höhlenrund
kleine Eisbärenköpfe lugen
und nichts mehr trägt
für die Jagd

Zug der Wikinger

Schnell und wendig
nautische Künste
als wertvolles Pfund
die hölzernen Gefährte
immer perfekter
jedes Ufer erreichbar
so brandschatzten sie
Klöster, Kirchen und Siedlungen
nicht selten bot Lösegeld
reichliche Beute
Sklaven gehörten
zum Gang der Dinge

Passion des Plünderns
skandinavische Funde
Münzen aus vielen Prägestätten
Bruchsilber
englische Ländereien
kolonisiert von Normannen
Paris immer wieder
heimgesucht
die Normandie heißt
nicht ganz grundlos so

Immer wieder die Meere
Island blieb
normannische Heimstatt
freie Männer sprachen Recht
in der Versammlung des Althing
Erik der Rote
landete in Grönland an
die Siedlungen überdauerten
etliche Generationen
mit kälterem Klima
verwandelten sich
die Orte zur Falle
man nährte sich nicht
von den anderen Schätzen
die jenes Eisland bot
so folgten den Fehlern
leere Häuser

Vinland entdeckte Leif Eriksson
weinfarbige Blätter
der Gold-Johannisbeere
rötlich-schwarze Früchte
die Namensgeber vielleicht
ansässige Stämme
lynchten später jene Wagemutigen
nur archäologische Artefakte
geben Zeugnis
von bahnbrechender Seefahrt
zu jenem späteren Amerika

Waräger als Teilhaber
am Keim des russischen Reichs
Städte gegründet
Runensteine berichten von Reisen
Handelswege bis zum Orient
Seide, Silber, Schmuck,
Jagdfalken und Walroßzahn
wechselten die Wege
sogar die Leibgarde
byzantinischer Kaiser
stellten sie
unter anderem der Don,
Dnepr, Wolga, die Düna
wurden vertraute Routen

Drachenmotive
magischer Zauber
gegen Geister
allmählich gerieten
Thor, Odin und Freyja
aus den Blicken
die Gestalten der Bibel
erhielten Kontur
in ersten nordischen Kirchen
König Harald Blauzahn
empfing die Taufe
lateinische Schrift und Lehre
ließen die Runen
verblassen

Abseits Muster schon heute
die Schuld der Starken
und der heroische Zug
das Brandschatzen
Schwert und Bogen
Waffenreste verschollener Moderne
könnte es eine Epoche geben
die einiges davon
wieder lohnen läßt
das Blut an den Händen
Handel und Raubzug verbindet
im Nachgang
einer verlassenen Zivilisation?
die Zeit vor
den letzten Atemzügen

Kleine Liebesgeschichte

Zwei orange Falter
kleine schwarze Flügelpunkte
unterwegs am Wiesenrand
verliebten sich
in meine gelben Katzenaugen

Ständig umflattern
oder landen sie
auf diesen Glitzerstücken
zwischen Fahrradspeichen

Wie wollte man da
noch in die Ferne fliehen?

Nachspeise

Frosthärte draußen
innen leichte Vorstufe zur Sauna
wir verstecken uns
in der dunklen Abstellkammer
Küsse und Umarmungen
die Tochter
erwischt uns trotzdem
können Blicke strafender sein?

Israelische Piraterie

Reicht es nicht
wenn der Gazastreifen
in Schutt und Asche gebombt ist?
reichen mehr als 1400
tote Palästinenser nicht?

Muß man dann noch Schiffe
mit Hilfsgütern kapern
weitere Todesopfer dabei
scheinen die Regierung
nicht weiter zu stören?

Israel will unbedingt
erkannt werden
als Apartheidregime

Das könnte mich
dazu bewegen
auch zu spenden
für solche Hilfsschiffe
schon rein aus Protest!

Vom nahöstlichen Wahn

Warnen vor der Spirale
radioaktiver Staub
ein Schub für die Krebswelt
dringt weltweit
in jede verborgene Zelle
und kein Zweifel besteht
Israel könnte
atomar entflammen
das iranische Hochland
alles was Volkes Hände schufen
ein Schlagabtausch
der aufschlagen könnte
als dritter Weltkrieg
eine großregionale Tragödie allemal

Der Hardliner aus Teheran
abgelaufen seine Voten
mögen iranische Sticheleien
verblassen auf abgelegten Blättern
nichts Neues entfesseln
auf beiden Seiten
wäre radikale Abrüstung Gebot
und die einlenkenden Stimmen
kommen gerade nicht
aus dem verkapselten Israel
die neue islamische Führung
beginnt zu entspannen
und gehofft werden muß
das die Regenten in Tel Aviv
keine iranischen Atomkraftwerke
zum verwegenen Ziel
ihres Irrsinns küren
frühere Bombardements
geben Anlaß genug
zu solcherart Befürchtungen

Erich Frieds „Höre Israel"
scheint immer noch nicht angekommen
jenseits von mentalen Blockaden
westlicher Regierungen
und vasallentreuer Intellektueller
wieviel Armut
muß man beweisen
um jene subalterne
Israel-Lobhudelei zu üben
und Günter Grass
zu behandeln als Lump
welch geistiges Klima
führt solche Abgründe hervor?

Wodurch hat Israel verdient
mit deutschen U-Booten
bestückt zu werden?
halb geschenkt überdies
warum rüsten wir auf
wo mit Waffenschätzen
ganz sicher im
nächsten nahöstlichen Brand
gezündelt wird
weil Israel nicht auskommt
ohne alle paar Jahre
überlegene Waffenhoheit
in heißgelaufener Pose
zu demonstrieren

Seit wann dürfen
Gedichte nicht mahnen
müssen unpolitisch daherstolpern?
welche Literaturkritik
will diese lyrische Sperrzone
und welchen Sinn
erhebt diese Selbstzensur?
wer will Kurt Tucholsky verbieten
Hitlers braunen Aufmarsch
in Zeilen zu legen
zu Strophen, zu Dichtung
welch lyrische Kleingewichte
fixieren dieses verwegene Maß
zum Schlußstein?

Es hilft nur
„unbehinderte und permanente Kontrolle"
atomarer Waffenstände
auf iranischer und israelischer Seite
international verbürgt
fordert Grass zu Recht
wann hört man auf
im deutschen Kanzleramt
und im außenministeriellen Dienst
Israel den Bauch zu pinseln
und schenkt
den je agierenden Regierungen
jene würzige Mixtur ein
die man dort so gar nicht
lieben wird

Gazakrieg

Wenn alle Bomben
wieder auferstehen würden
um zu ihrem Verursacher
zurückzukehren
dann lägen Tel Aviv
und andere israelische Städte
jetzt in Schutt und Asche

Gaza dagegen käme
mit einem Blechregen davon

Zwischenstand

Öffnet sich der Vorhang wieder
auf Alpenwegen wandern
wieviel bleibt zurück
von den Käfigen
wird der Fuß wieder Schritte
flieht der stechende Schmerz im Rücken
kann man wieder schreiben
ohne ermüdende Tabletten
die jene Sperren senken
wird der Kopf wieder frei
und läßt sich zupacken
ohne das Hektik und Streß
sofort zur Falle
läßt sich wieder leben
jenseits enger Korridore
noch sitzt in allen Elementen
die ungedeckte Hoffnung
wohin neigt sich
einstweilen zählt nur die Auskunft
des operierenden Arztes
jetzt nach drei Jahren

Quälerei

Immer wieder Achterbahn
es holt Schwung
der Kopf glüht
von Fernsehfilmen
im Flüsterton
nichts mehr kann man tun
der Körper lebt zeitweise
mit durchgebrannten Sicherungen
jeder Schritt
ein Fußabdruck im Kopf
es brennt wie Ameisenpisse
in Bataillonsstärke
man wird schläfrig
ist nicht mehr wirklich da
damit die Tablettendosis anschlägt
Wirkung gegen Wirkung
dabei sollte alles
doch besser werden
mit der Operation
stattdessen Tunneldurchfahrten
von Fall zu Fall
Ärzte ohne Rat
es wird Zeit diesem Irrsinn
zu Leibe zu rücken:
anhalten bitte
genug Kurven gedreht!

Fibromyalgieschub

Da steigt es auf
Land der Erschöpften
nährt sich von den Resten
unbändiger Existenz
es zehrt dich aus
Lagen von Müdigkeit
die Schatten gehen spazieren
und Tage und Tage
eine dunkle Aufwärtsspirale
Schallplattenrillen zerkratzt
jene heißen Signale
der Kopf wird
zur Schmerzhaube
verglühter Planet
und fast alle Mediziner
stecken die Hände
in die Taschen

Ohne Flügel

Auffliegen in freie Berge
schwarz unendlich der Boden
ohne hellen Horizont
werden die Fesseln sichtbar
die das Schicksal bindet
bin auf falschen Umlauf geraten
ohne wirkliche Schuld

Die Tibeter legen ihre Toten
den Vögeln zum Fraß vor
weiterleben als fliegende Kreatur
gleiten durch letzte bunte Wimpel

Ich kann nicht ewig
den willigen Knecht spielen
auf der eigenen Sklavengaleere
wer will schon gerne Geisel sein
in beaufsichtigter Ämterhaft
bis auf den letzten Lebenszug?

Jeder Schritt ist Echo im Kopf
alles muß ruhig im Strom fließen
sonst glüht der Schädel von vielem
was Leben und Schmerz so hervorbringt
und keine Chance zu fliehen
aus diesem unsichtbaren Verlies

Einfach sich verabschieden
leise durch die offene Tür gehen
leichten Schritts ins Jenseits treten
bis zum letzten Atemzug
Wolgaträumen nachblicken
und deinem langen Haar
was alles hätte sein können
zwischen dir und mir

Existentiell

Vergeht der Schlaf
zottelt schon die Geierhorde
Blutzeichen

Viele Belagerungsringe
enger ziehen die Finsternisse
bis in die Grundfesten
splittern die Fenster
die Gedanken sind abkommandiert
vom Sog der Totenflüsterer

Zerbrennen
bei klarem Verstand
unter falscher Regie
werden die geübten Szenen
immer wahrer
das Aus scheint besiegelt

Sich wehren
mit Kleinzeug und allerhand
wertlosen Schätzen
gestürzten Traumwelten
und halben Wahrheiten

Das Moor nimmt sich
schon seinen Anteil
Sie warten auf den Rest
fallen und fallen
erdenlos

Der erstickte Schrei
ist noch keine Stunde
Stümpfe wachsen noch

Schachmatt

Da kommt sie also doch
diese zähe Nebelwand
dunkel für ein Leben
geschlossene Tore
noch ganz irdisch
unter allem weilen
doch die Träume blättern ab
von ganz gewöhnlichen Tagen
unsichtbare Verbote

Nadeln im Kopf
ungreifbare stählerne Zwingen
jeder Mut mit Schatten belegt
immer sind sie schneller
und nichts taugt
was einen von diesem
Spuk erlösen könnte
unheilbar die Fluten
von irrendem Schmerz
die Last der Zukunft
wie Platten von Blei

Danach

Aufwachen im Niemandsland
abgeflaut orkanstarke Winde
frische Narben ziehen im Kopf
eine durchscheinende Gestalt
schon nicht mehr hier
und noch nicht ganz verschwunden
unter Abberufenen weilen
im langen Transit
Landschaften bizarr geformt
von Wüstenfrost und Elementen
und kein Rat auf weiter Flur

Beobachtet

Frostluft
Schnee ohne Ende
Vater holt für mich
täglich Holz und Kohlen

Dank bin ich schuldig
nur selten ziehe ich
selbst die Plastikkiepe
auf Rädern

Wenn der Schnee
die Rollen stoppt
zieht man sie fast
wie einen Schlitten.

Es ist als ob
die Kopfhaut
nach hinten
weggezogen wird

Tippelschritte mit Krücke
und Pausen einlegen
um anzukommen

Verloren

Wie ein Geisterschiff
treibst du im Zeitenozean
ins Steuerrad greifen
Schmerz und Erschöpfung
die Zwingen pressen unlösbar
so sabotiert das Schicksal
jedes Ziel wird neu vermessen
Fracht geht über Bord
viel bleibt nicht übrig
schroff und unüberbrückbar
wiegen die Minusstände
unheilbar früheres Unterlassen
niemals wieder
kommt ein Kai in Sicht

Der Schwerbeschädigten-Ausweis

Wir haben nette Ämter hier im Land
eins ist für die Versorgung uns bekannt
Ausweise geben sie zur Güte
doch wo der Körper nicht mehr richtig tickt
wird schnell die Sache sehr verzwickt

Ist der Schaden leicht zu erheben
werden sie dir Prozente geben
hast du aber schlecht taxierbar
dir Besonderheiten zugezogen
wirst du behördlich gesund gebogen

Willige Gutachter sind dann am Werke
brauchst du mehr als 40, dann merke
auf 20 wirst du gleich zurückgestuft
das hat System bei diesen Bürokraten
nur schwer beweisbar sind solche Taten

Willst du laufen, dann nur an Krücken
tust du's zuviel, plagt dich dein Rücken
Krankheitsdiagnosen gelten wenig
Schmerzkrankheit - noch nie davon gehört
der ist ein Simulant, denken sie verstört

Solang du noch feiern kannst ganz nett
womöglich tanzt auf dem Parkett
die runde Zahlenfeier deiner Mutter
mußt du absagen, ist doch klar
sonst ist der Schaden niemals wahr

So wird gepeinigt, wer den Antrag stellt
um den Ausweis für Behinderung geprellt
willst du ihn trotzdem, mußt du Tausende zahlen
für Gegengutachten bei Gericht - wie schade -
das Versorgungsamt kennt keine Gnade

Hochstimmung

In die Vollen greifen
noch mal leben
bis zum letzten Atemzug
Abenteuer herausfordern
sich nicht kleinkriegen lassen

Zersplittertes ruhen lassen
Tiefpunkte aussitzen
ziehen lassen
nichts läuft mehr rund
mit angezogener Bremse
im Orbit kreisen
abgetriebenes Gut

Helle Stimmungen
scheinbar auf der Überholspur
Vergangenheit und Zukunft
ausgeblendet
hausen auf einem
Sprengsatz

Amineurin als Spieler
der Stimmen
Schläfer und Phantast
aus der Dosis geboren
und unwägbaren Flüssen

Alles nur noch ein wilder Bauplatz
aus windschiefen Hütten
die Seele wohnt
zwischen Schutthalden
und nistet hinter
unsichtbaren Gefängnisstäben

Akupunktur

Gegen die Barrieren
die täuschend anzeigen
erschöpfte Reserven
Energie saugt es
aus allen Gliedern
im Ohr festgepinnt
kleine japanische Kügelchen
tricksen das Gehirn aus
leiten um die Boten
mit feinsten Nadeln gegen
die falschen Meldungen
das permanente Netz
verkehrter Nachrichten
doch dieses geballte
Syndrom aus Schmerz
ignoriert auch die Pikser
die Stechtechnik prallt ab
festgefügte Härten
bieten der Körperwelt
keine wirklichen
Schlupflöcher

Die Operation

Nur Nebel, kein Boden
springen in den Abgrund
alles hängt an den Diagnosen
ist es richtig entschieden
was immerhin zwei Ärzte
als Heilweg empfehlen?

Was den einen als Frevel gilt
ist für die anderen
die sinnvollste Lösung
ein künstliches Gelenk
gibt es nicht auf Probe

Leichter wäre es
wenn alles hielte
bis zum Grabestag
doch Verschleiß
und Ersatz
macht von sich reden

Am Ende ist
der Fuß versteift
und überdies zu kurz
welche Schäden
addieren sich hinzu?

Doch wenn endlich
Schluß wäre
mit dem fatalen Nervenfeuer
die Krücken nicht mehr nötig
wer wollte da nicht springen?

Schwarze Lady

Von Astgabel zu Astgabel
im Sprung
über dem Dachfirst
lugt das Katzengesicht
Scheunenhöhe mit Weitblick
unter Sommerblumen
nur ein kurzer Schatten
schnell wie ein Geist
keine frechen Spatzen mehr
im Hühnerquartier
nachts flitzt sie
über den Hof
die quiekende Maus
im Maul

Schwieriges Manöver
in Kronenhöhe
am Zweigende wenden
mit Pfoten am Ast
hängt man in die Tiefe
letzte Kräfte
die Lady meistert es
mit den Tatzen
hascht sie
Schmetterlingen nach

Zielstrebig flutscht sie
durch Türen
hinter denen man
handgefüttert schmatzt
gerne wird gemault
oder miaut?
nervöses Katzenschwatzen
unbeobachtet stibitzt
man auch Wurstscheiben
vom Tisch

Ein Match führen
hinterherfegen
dem Pingpongball
dem weißen, klackernden
auf der Lauer liegen
spätestens wenn
jemand mitspielt
hinterher
auf Couchlehnen
die Lümmeline geben

Erst sollte es
ein Moritz sein
dann stellte sich
Wochen später
eine Franzi heraus
so kann man
getäuscht werden
ich hatte es der
großen Mutterkatzenmutter
nicht mal blind geglaubt

Für die Liebe

Falterglück der Fantasie
Licht getauchtes Erinnern
trifft uns die Spur der Worte
die stillen Botschaften
verstreut in unseren Briefen
ein dünner Faden
der uns hält

Es treibt uns auseinander
was das Schicksal so
für angemessen hält
vielleicht treffen wir uns erst
in einem anderen Leben
hier wünscht ich mir
es gäbe eine neue Chance
gegen alle Fakten
die das Unsinn nennen

Du hast mich berührt
gestimmt mit neuer Helle
Türen in mir geöffnet
für Räume und Gänge
die ich kaum vermutete
die von der Lust zeugen
mit dem Echolot
alles zu erkunden

So gerne würde ich sitzen
in meinem Garten und Haus
mit Tee im Sonnenschatten
mit deiner Tochter malen
ein Bild offen für Spaß
wo sie nichts mehr gelten
die Alpträume von dieser Welt
wertloses Altgeld

Uns fiele alles so leicht
wie eleganter Vogelflug
und jene Steine im Weg
würden Stufen
für gelungenes Leben
hohe Atmosphäre
die ruht um allen Disput
unsere fremden Sprachen
mischen sich
zu neuen Ebenen

So mögen sich halten
jene Stimmen und Stimmungen
die weben die Gänge
die halten die Neugier
alle die Zutaten
die verraten den Atem
aus dem sich speist
unverstellte Liebe
wo etwas vertraut ist
gut gefügt bleibt
die Spur der Jahre

Prekär

Die Einsicht
gewichten
gegen die Liebe

Oder mit etwas Lüge
sich über
den Berg helfen?

Sich gegen sich
selbst wenden
und um so tiefer
verwunden

In sich gespalten
die Liebe gegen
ökologische Vernunft
ausspielen

Steigende Ölpreise
beziffern utopische Summen
für Reisen irgendwann später

So können einen
die verschiedenen Ansprüche
richtig niedermachen

(Für meine russische Freundin)

Danziger Notizen

Noch immer verfolgen
mich die Vogelscheuchen
aus dem signierten Buch
vieles spielt in Langfuhr
wo mein Vater geboren
zu jung für jede Erinnerung

Von Prügelszenen
braunen Aufmärschen
und Sturmgeschützen
ist zuweilen abgründig
die Rede
neuere Quellen
erinnern fast zu spät
an den Weg der Frauen
in östliche Lager

Die *gehäuteten Zwiebeln*
gefielen mir besser
als *Hundejahre*
jene zu kräftig gewürzt
mit hyperfantastischem Strandgut
die *Vonne Endlichkait*
nun leider erfüllt
Druckseiten
noch auf meinem Leseplan

Zukünfte, Historie und Schächte
in welche Materniaden
werden wir hinabfahren?

Kein neuer Grass-Roman mehr
freilich immer noch
genügend Leselücken
aus dicken Wälzern
Danziger Gassen erkunden
unweit die Marienburg
offen eine Sommerreise
nach Kaschubien

Russische Gastfreundschaft

Ohne Nummernschild
in schwarzer Limousine
mit 120 Stundenkilometern
quer durch Moskau feuern
Lew Tolstoi nahe gekommen
mit Filzlatschen auf seiner Spur

Lenins Quader abgeriegelt:
eine Maßnahme gegen Terrorismus
der ist doch längst tot?
auch Stalin wird nicht auferstehen
statt dessen: Luxuskaufhaus GUM
große Straßen: unüberquerbar

Ausgestellt im Geschichtsmuseum
der Sieg über die deutsche Barbarei
mein Russisch ist zu schlecht:
schweigen die eigenen Stimmen aus Workuta?
extrem lange Schlangen vor dem Kreml:
„Mist, die Zeit reicht nicht"
gigantisch die neu aufgebaute Kathedrale
einst Siegeszeichen über Napoleon

Putin ist jetzt der große Emir
wie viele Tote sein Geheimdienst
durch die Mafia oder wen auch immer
die blutigen Vorbilder wirken
Anna Politowskaja lebte noch
bis zum präsidentalen Geburtstagsgruß
mit Leichentuch: wie viele außerdem?

An der Autobahnauffahrt:
ein Plausch mit Kollegen
riechen die nicht die Wodkafahne?
wieviel Punkte gibt das bei uns?
Geschenk für mich:
ein russisches Polizistenkäppi
bei uns wäre das ein langes Fahrverbot ...

Draußen auf der Datscha
vor dem Holzhaus Feuer
gegrilltes Fleisch aus dem Topf
in vegetarischer Einlage: schmeckt super!
kleiner Sohn putzt die Limousine
(schon zur Probe?)

Wasserbadeloch am Siedlungsrand
riskiert keinen Spaziergang!
XXL-Mücken im Wald
dichte Schwärme schlagen
wirklich jeden in die Flucht!
(zur Warnung an alle Braunlinge!)

Nachdem der Deutsche
übergebend bewiesen hatte
- totale Trinkunfestigkeit -
so blieb mir weiteres Anstoßen
mit russischem Wodka erspart ...

Nastarowje! Poka!

Das Treibhaus öffnen

Sie zermalmen
ziehen ab die Erdhäute
Treibjagd auf Häuser
der Sand räumt
die Erinnerungen aus
die Bestände des Tertiär
landen auf Förderbändern
große Mäuler schlingen
feurig die Massen
und den Kühltürmen
entsteigen weiße Kolosse
versteckt die Fäden
der Herzinfarkte
die Zeichen der Lungen
und des Atems

Brücken
sind die Technologie
des Untergangs
sabotiert das Handwerk
der Lobbyisten!
es hilft nur
Sonnenlicht zu fangen
auf blauschwarzen Tafeln
sinkende Verbräuche
sich nicht zu verlassen auf jene Ströme
die immer neue Dörfer auslöschen
Wasser, Wind und Sonne
speisen ins eigene Haus
mit Ökoanbietern
die neue Anlagen richten
oder mit eigenem Engagement
immer mehr Pfade
in eine solare Republik

Blickwinkel

Was werden
sie sehen die Augen
der heute Neugeborenen
im hohen Alter?

Einmal selbst sehen
mit diesen anderen Augen
zu einer späteren Zeit

Wer jetzt geboren wird
riskiert zu sehen
was übrig bleibt
von dieser todgeweihten Zivilisation

Einmal sehen müssen
die Schneise der eigenen Schuld
das Schattenreich
moderner Industriehybris

Die Ohnmacht schon kennen
aber einmal sehen
die monströsen Folgen
mit den Augen
der Jüngeren

Würden wir
auf die Barrikaden gehen
gegen unsere eigenen Wünsche?

Zivilisation im Spätstadium

Die Wüsten brennen sich
durch die Kontinente
Atem, der nicht mehr ist
heißer und heißer
die großen Stürme spielen auf
solange Füße tragen
drängen Menschenströme
versickern im Sand
der Treibhauszeit

So wie das altägyptische Reich
und die Maya untergingen
in Klimakapriolen
gefertigt von Mutter Natur
begleitet durch eigene Fehlstände
wird bald die Luft glühen
für die ganze Zivilisation
bereitet aus dem Tagwerk
unserer faustischen Turmbauten

Völkerwanderungen
die Steppen ziehen in Europa ein
Australien verglüht
Sibirien firmiert chinesisch
Tornados zerpflügen die Häuser
jeder Paß wird unnütz sein
Europa kann so wenig standhalten
wie einst das römische Imperium
das Mittelmeer
schon heute tödliche Arme
Vorspiel kommender
Massenfluchten

Die Winde und Wetter
spielen nach neuen Zufällen
all die Kippunkte
liefern unerwartete Lagen
die abschätzen könnte nur einer
der aus der Zukunft kommt
restlos ausgeräumt werden
die karg gewordenen Gärten
alle die Grundrisse
des einstigen Super-Parasiten

Wohin wird es
menschlichen Geist verschlagen
wenn die natürlichen Gaben
immer knapper werden
und Wachstumszahlen
als überholte Religion gelten
die Ziele der lebenden Generation
zum Alptraum
der kommenden werden
noch von den Resten
werden wir bauen
bis sich alles verliert
wenn aus dem Wandel
der fatale Umbruch wird.

Schädel, Blut und Knochen
zeugen von Schnitten und Schlägen
nicht nur in altägyptischen Bodenschichten
überall brechen die Fugen
die vielen Dämme
halten nicht mehr ab
wie schnell wird
der Bestialismus triumphieren?

Auf welche Evolution
könnte Gesellschaft
noch setzen?
wie mutiert jene Hydra
der kapitalistische Sog?
welche revolutionären Sprünge
sichern Momente für eine
rettende Wandlung?
wo liegen die Grenzen
technischer Hybris
und seien es
die Sonnengötter aus Silizium?

Niemand weiß,
ob es die Nordzonen geben wird
jene Restbestände
an Sibiriens und Kanadas Küsten
oder kühle, fruchtbare Hochebenen
neues Siedlungsland
Graskampen-Hütten - unterirdisch
wie Alexandrias Leuchtturm
in Meerfluten versank
wird es in allen Formen
bald auch den Monumenten
unserer Epoche beschieden sein

Nur Archäologen
von einem erdähnlichen Planeten
könnten reiche Funde quittieren

Todesboten

Auschwitz denken
heißt heute auch: weiterdenken
Ausschau halten
nach neuen Brandstellen
und Zügen
die auf einer
ganz anderen Reise sind
ahnen wo
die künftigen Ascheorkane
ihre Schneisen ziehen

Die Sucht nach Reichtum
Insignien von Luxus
unser ganzer Wohlstand
ein Bollwerk gegen
die zukünftigen
Menschen-Generationen
wir reichen schwarze Milch
entrückt wird das Klima
und dieser Zug scheint
unaufhaltbar

Countdown

Und sie mehrten sich
Hektar um Hektar
in roten Zahlen
exponentielle Daten sind tückisch
Milliardenschritte
bleich die Korallenriffe
die Netze der Straßen
schnüren ins Fleisch
ohne Bleibe Orang Utans
hingewürfelt immer neue Felder
aus Türen und Fenstern
nicht aufzuhalten
war die Plage
so kippte alles
mitunter neigt die Evolution
zu Sprüngen

Die zweite Wirklichkeit

Vom Kryptischen schneid ich
mir nur kleine Scheiben
aperspektivische
Zeilengerüste helfen
Mystik falsch dosiert
vertrage ich nicht
den hellen Schein
will ich mir bewahren
wie eine Fata Morgana
die Spur der Ziele

Wohin könnte
charismatisch uns tragen
was den Niedergang
an Buhnen bricht?
gibt es noch Stimmen
die kein trügerisches Leuchten
in Signale setzen?
die Schlagseite
wird meistens tapfer geleugnet
titanisches Absinken beginnt
ihr Glaube narrt die Mehrheiten
Fortschreiten scheint ihnen gewiß
was nützen Rettungsboote
wenn jede Küstenlinie
verschwunden?

Die Gewißheiten
sind längst aufgebraucht
eher mehren sich
meine eigenen Fehler
die einfache Holzhütte
jenseits aller Zivilisation
wenn man nicht so korrumpiert
doch nach Schönem griffe
Ökodorf, Selbstversorgung
zunächst gewagte Option
dann Notnagel
überströmt vom Geflecht
der neuen Gewalt
was will da noch
ein Gedicht?

Gereimte Haiku

Durch enge Gassen
in Venedigs Stadtfluchten
Boote verlassen

Brach liegt weites Land
weiße Flügel dreht der Wind
ohne Schnee treibt Sand

Von Gelb übersät
Butterblumenschnee leuchtet
heute wird gemäht

Die Kranichfelder
ein Flattern und Trompeten
Anflug auf Wälder

Die grünen Glüher
Regen, Schneckeninvasion
nichts bleibt wie früher

Im tropischen Wald
daumendick Regenwürmer
schon wie Schlangen bald

Wohl kaum zu retten
dem Toben nicht gewachsen
die Kinderbetten

Viel drin ist im Sack
mit der Rute tippt er an
ein Gedicht zack-zack!

Die Kontrolleure
die Fahrscheine sind viel zu teuer
gestellt, die Göre

Protest wünscht ihn fort
Nemzow mochte Putin nicht
am Kreml ein Mord

Von Sand überdeckt
darunter lagert viel Müll
das Gift dort vollstreckt

Zerstörungseifer
sie wollen Kaisersteine
die Palastschleifer

Es pfeift gefährlich
Gespenster im Krankenhaus
der Wind spukt, ehrlich!

in der Parkklinik Weißensee

Fliegende Glüher
grün treiben sie im Nachtwind
es wird bald kühler

Wärmere Tage
braune Holzböcke im Fell
furchtbare Plage

In der Nacht Klappern
es hört sich an wie Störche
tags reges Flattern

Museumsdorf im Elsaß

Festspruch

Ran, ran - immer dreht sich der Ball
Tag auf Tag ziehen die Zeiten weiter
deinen 70 Lenzen gilt heute Korkenknall
spiel ihn ins Tor, feiere lang und heiter!

für Erhard Fiß

Gruß

Nimm wie immer besten Wein
so tragen die Tage ihre Wiege
schreibe Gedichte ins Dao hinein
auf das die Herbstwelt bliebe

Zum 70. Geburtstag von Ulrich Grasnick

Freiheit in Verantwortung

Die richtigen Fragen von gestern
können die falschen Fragen
für morgen sein
Freiheit kommt nicht
vom geübten Predigen
Freiheit entsteht
aus der Ratlosigkeit
sie entwickelt sich
nicht ohne Grund
sie setzt Wissen voraus
gründet auf Einsichten
Freiheit heißt hinausdenken
die eigenen Grenzen erkennen
und wissen wohin
die Grenzenlosigkeit führt
Verantwortung liegt
immer auch im toten Winkel
gegenüber zukünftigen Generationen
dann zählen nicht die Weisheiten
aus früheren Denksperren
und seien sie bundespräsidial

Was nicht bedacht wird

Die politischen Führer
wollen wieder angreifen können
überall auf der Welt
wo die Systeme
nicht nach deutschem Maß
geschneidert sind
nicht nur am Hindukusch

Was wenn zurückschlägt
wo deutsche Soldaten
ihre Waffenfreiheit üben?

17 Atomkraftwerke hierzulande
eins reicht um halb Deutschland
in verseuchte Strahlenzeiten
zu katapultieren

Militärisch geschulte Kräfte
ein leichtes Spiel der Gegenseite
könnten das auf einen Streich

Will man das Kühlwasser stoppen
braucht man keine Flugzeuge entführen
auch panzerbrechende Waffen sind überflüssig

Eine Tschernobylzone
zwischen Berlin, München,
Köln und Kiel

Die Kapitulation wäre sicher
Deutschland vernichtend geschlagen
ganz ohne atomare Raketen

Selbst der Zorn der Vergeltung
bliebe nutzloser Terror

Organisierte Verantwortungslosigkeit

Fukushima (Japan)
Tschernobyl (UdSSR)
Majak (UdSSR)
Harrisburg (USA)
Palomares, Spanien (USA)
Lop Nor (China)
La Hague (Frankreich)
Reggane, Sahara (Frankreich)
Kiritimati (Großbritannien)

1945, 1946, 1948, 1945, 1946, 1948, 1949, 1951,
1955, 1957, 1961, 1964, 1965, 1966, 1979, 1986, 2011

Sellafield (Großbritannien)
Nowaja Semlja (UdSSR)
Moruroa (Frankreich)
Fangataufa (Frankreich)
Maralinga (Großbritannien)
Nellis Range, Nevada (USA)
Montebello-Inseln
(Großbritannien)
Semipalatinsk (UdSSR)
Mailuusuu (UdSSR)
Eniwetok (USA)
Bikini-Atoll (USA)
Nagasaki (USA)
Hiroshima (USA)
White Sands Missile Range,
New Mexico (USA)
...

Stark radioaktiv belastete Gebiete der Erde, unvollständig (aktuell und historisch)

Hochgebirge

Von den Gipfeln
zieht der Frost ab
Murengänge graben
immer tiefere Schluchten
Steinschlamm
neue Pflanzenwelt drängt
auf ungeahnte Höhen
andere verschwindet
der Schnee
und die Gletscher
speisen bald
keine Flüsse mehr
die Erbschaft der Rekorde
läßt mit Dürren
und mit den Wassern
überrollen vielerorts
Häuser und Felder schwinden
der Weg wird durchkreuzt
an den alten Rechnungen

Die Andenfrucht

Weiß und violett
glockenförmige Blütenkelche
südamerikanische Zuchterfolge
über den Atlantik
gelangte sie zuerst
auf die kanarischen Inseln
Fracht in Erobererschiffen
zog in Europa Land für Land
in botanische Gärten
reiche Fürstenhöfe

Als Topfpflanze wurde
die Blütenpracht geschätzt
Wodka läßt sich destillieren
festkochend und mehlig
Nachtschattengewächs
sie gedeiht fast bis
zu höchsten Berglagen

Jahr ohne Sommer
brach die irische Tragödie
Raubwirtschaft gegen Bauern
weil ihnen anderes
nicht gelassen wurde
so starb eine Million

Eine weitere flüchtete
auf den anderen Kontinent
fern von kolonialen Fängen
großer Inselnachbarn
nicht nur Lava vom Tambora
und die anfällige Pflanze
richteten das Unsagbare an

Order zum Anbau erließ
Preußenkönig Friedrich II.
scheinbar bewachte Versuchsfelder
sollten die Neugier derer wecken
die nichts wissen wollten
von der neuen Erdfrucht
vom guten Wuchs
auf kargen Hungerböden

Gereicht als Salat
heiß ölgesiedet in Streifen
oder geschält neben der Roulade
vielerorts zentrale Speise
weltweit fünftausend Sorten
es dauerte bis in Europa
größere Erdknollen
erntereif wurden
aufgehäufelte Reihen
mit wechselnden Feldern
ein amerikanischer Einwanderer
in schwarzgelber Montur
sieht es auf die Blätter ab

Neuerdings spuken die Gene
Amflora heißt das Geistergeschöpf
völlig harmlos wie immer
tippelt es über die Felder
wächst hier und da weiter
wo es gar nichts zu suchen hat
Paßform für die Industrie
und die Ufologen der Institute
basteln sicher schon
an Knollen mit Zipfelmützen

Einstweilen verschiffte BASF
seine genetische Bastelabteilung
nach Nordamerika
da gibt es offenbar mehr
blinde Versuchskaninchen
die alles mit sich machen lassen
und jene Freiheit bieten
die kriminelle Konzerne
so schätzen

Was wird
aus der einstigen Andenfrucht
wenn die Dürren
und die neuen Wetter
verheerende Bahnen wälzen
was hält stand den Hitzeschlägen
wächst noch auf Äckern
inmitten der Wüsteneien
jener Saat die uns
einholen wird

Szenario der Macht

Schachspiel
auf blutigen Quadraten
der Fernseher gebiert Megafone
gezinkte Worte
Mißgeburten
vom Adler
mit totalitärem Doppelkopf
die Nachbarin liegt
im Vorgarten erschossen
ein anderer flüchtet
in Hausschuhen
am Ende ist es egal
wer dein Haus
in Trümmer donnert
die ukrainische Wirtschaft
wie nach einem Infarkt
russische Panzerspuren
lange Kolonnen
der westliche Grenzübertritt
erzwingt die Geschosse
aus Kiewer Vorräten
Familien reißt es entzwei
am Abgrund der Worte

Wieviel Opfer ist sie wert
eine Enklave, ostukrainisch?
Warum fertigt der Nachbar
daraus Zündmaterial
für die Silhouette der Heimat
und doppelte Standards
von vermeintlicher
westlicher Verschwörung?
Zeichnet dieser Geist nicht
von eigener Entgleisung
im Land der großen Maße?
die Lüge treibt unentwegt
neue Keile und Symbole
der Geheimdienst
nietet die Koordinaten
der Macht

Weißrussische Diplomatennächte
legen immer neue Papierwege
gegen die schwelende Lunte
die enden könnte
unvorhersehbare Stationen
zum dritten Weltkrieg
Hollande und Merkel
pokern ohne
militärisches Geleit
für Siege der kleinen Vernunft
gegen neue eingebrochne Brücken
florierendes Handwerk beim Sargbau
Landzugänge zur Krim
und neurussische Träume
Richtung Odessa und weiter

Doch der Brandstifter
aus Moskau
freut sich klammheimlich:
sie tanzen alle
nach seiner Pfeife

MH-17: Spuk im Kreml

Reihenweise holten sie
die Flieger vom Himmel
rauchendes Wrackwerk
separatistisch bejubelt
Schnitte in den Himmel
nur ein schneller Punkt
auf dem Radar
Abschuß um Abschuß
locker 20 Maschinen
erst am 14. Juli eine Antonow
drei Tage davor
prorussische Trophäen
eifriges Umherballern

Zu viele Kameras
erspähten den Buk-Raketenwerfer
verfolgen seine Wegstrecken
die Nummern und Merkmale
identifiziert auf russischen Landstraßen
Weg um Weg erschlossen
letzte Gewissheit
erlangen nur jene
die sicher wissen
wo die Landschaften
im Puzzle liegen
das Pfund für dreiste Lügner

Über ostukrainischem Kampfgebiet
obskur dort zu fliegen
ruhiger Schlaf bei der Luftfahrt
die Büros raketenahnungslos
ukrainische Überfluggebühren fließen
noch offen der oberste Flugraum
alles Argumente die zählen
beim Buchwert
für das Augen-zu-und-durch

Ach, und da ist noch einer
in Kremlgängen wandelt er
läßt sich goldene Tore offenhalten
seine Order, seine Tinte
schleuderten die Splitter
in den Maschinenrumpf
seine gefletschten Fernseher
Knechte des Mikrophons
erfinden immer neue Finten
neue Versionen
ohne jeden Boden
Zauber durch Verwirrung
des Publikums

Die Buk-Besatzung russisch
im großen Osten
hatte man schon immer
handwerkliches Können bewiesen
wie man vom Himmel löscht
Passagiermaschinen
Korean-Air-Lines-Flug 007
westlich der Insel Sachalin 1983
von Ozeanwellen verschluckt

Vielleicht sollte man
die Wrackteile und Koffer drapieren
an der roten Kremlmauer
Bilder werfen auf
die weiß-goldene Machtzentrale
298 Gesichter, die nicht mehr sind
damit jeder sieht
im Land der verbotenen Wahrheit
es gibt außer dem Spuk
von Dserschinskis Nachfolgern
noch Anstand zu gewinnen
Trauer statt Trotz

Der Rauch auf separatistischem Gebiet
mitten in der Besatzungshoheit
des streitsüchtigen Nachbarn
vielleicht müßte man
eine Warnung aussprechen
Putins Präsidentenmaschine
sollte besser den ukrainischen Luftraum
großzügig meiden
niemand ihm Landeerlaubnis erteilen
auf Flughäfen jenseits
seiner Staatsgrenzen
wer weiß, ob man
in den Niederlanden
Malaysia oder Australien
schwarze Teppiche ausrollt
für den Terrorpaten.

Am 17. Juli 2014 wurde eine Boeing 777 auf dem Flug von Amsterdam nach Kuala Lumpur über der Ostukraine abgeschossen. Eine ARD-Dokumentation zeichnete im Detail den Weg des aus Rußland stammenden Buk-Raketenwerfers nach.

Nicht nur in Paris

Wenn Satire berühmt wird
kämpft Mohammed mit Tränen
diabolische Gestalten
auf der Ziellinie schwarzen Ruhms
Regierungschefs demonstrieren
die leere Straße ausgeblendet
trennt man sich vom Volk

Raumgreifende Offerten Frankreichs
belagerten früher vielerorts
Militärflieger unterwegs
in Irak und Syrien
womöglich zuweilen
die Richtigen gebrannt
Geschichte versteckt sich nicht
koloniale Phantomschmerzen
melden sich immer mal wieder
neue Lektionen kommen hinzu
global französische Lichterfarben

Konzerthalle, Restaurant, Café
offenes Einfallstor
ungezügelter Kugelhagel
Sondersendungen überschlagen sich
wie ein Tribut
negativ belichtet
für neue Finsterrekruten
eine Feierstunde
der Schwarzbeflaggten
der Ausnahmezustand ein Sieg

Beim Freundschaftsspiel
Frankreich-Deutschland
zum Glück ein Platzverweis

Syrisches Totenfeld

I

Palmyras Kolonnaden
antikes Sandgelb
der Hadriansbogen gesprengt
wie all die Glieder
die Netze des syrischen Volkes
seinen toten Sohn
birgt der Vater
unter gestürztem Beton
und jene Flügellast
läßt hinter der Klage
verzweifelt befragen
wo lagen jene Weichen
Fenster in der Zeit
die ungenutzt verstrichen
bis die Boten begannen
zu züchten
die Kriegsgewächse

Die Zeltmeere
in benachbarten Ländern
die blutigen Winkelzüge
weit über die Viertelmillion hinaus
Gräberzeichen, Betonskelette
die Moniereisen der Städte
Aleppos Basar aus alter Zeit
nicht mehr gestützt
von der steingefaßten Dächerwelt
orientalischer Handelswege
wer füllte
die syrischen Dunkelstätten
mit freien Meinungen
die nicht zur Debatte
stehen durften?

II

Endloses Flüchten
verrauchte Trümmerhorizonte
zu wenige Hände boten Halt
für die Zukunft aus Stoffwänden
zuweilen gekürzte Geldflüsse
Geleit in die Ohnmacht
entkommen
den Faßbomben Assads
all den Schußlinien
vieler Herren Länder
so setzte er über
der Strom
in europäisches Grenzland
Skulpturen aus Schwimmwesten
an der ägäischen Küste
tote Kinder
sind zu bedecken

Die Lichtseite der Republik
eine kurze Freiheit lang
obsiegten die offenen Arme
punktete die Kanzlerin
gegen die bayerischen Klagetöne
helfen unzählige
für ein freundliches Willkommen
bevor deutsche Bürokratie
jene Gestrandeten
zu fassen bekommt
und immer wieder
brennen Dachstühle
ist der Haß beheimatet

Eine Schande
die geschlossenen Tore
in zu vielen Staaten Europas
hier aber auch andernorts
zuweilen gute Gründe
im Tornister
Polen beherbergt viele Ukrainer
sollte es nicht selbstverständlich sein
bei diesem Bombengrauen
Herzgegenden zu kennen
genügend Mittel zu stiften
für sichere Orte der Zuflucht
an den Brandrändern
und auszusparen
rassistische Tonlagen
in Regierungsämtern
selbst für jedes kleine Land
ließe Last sich schultern
getragen von allen
Asyl zu gewähren
im Maß des Möglichen

III

Die blaue Partei
jene rechte Abseitsdrift
sie trommelt, redet schießwütig
für gestrenge Grenzposten
spielt mit solchen Trumpfassen
Wahlprozente in ihr Revier
ein Bund der Klimaleugner
der schwenkt die rote Laterne
keine Spur ökologischer Weitsicht
sie ahnen nichts von Sturmzeichen
die uns drohen vom Laufenlassen
keine Sperren, keine Mauern,
werden aufhalten die Völkerströme
die unvermeidlich sind
wenn das Weltklima
in die Achterbahn läuft
es ist ihnen fremd
wie wichtig es wäre
wenn man die Südkontinente
nicht preisgibt dem großen Sterben

IV

Wieder in das Joch
der Diktatur zurückgezwängt
eingespannt
das ausgezehrte Land
Rußland und Iran
ziehen blutige Striemen
alles bewegt sich
in verstörenden Sackgassen
oder öffnen sich
erst neue Abzweigungen
wenn der alte Staat wieder diktiert
mit seinen notdürftigen Stützen
die bleierne Ruhe kommt
die Tische karges Mahl versprechen?
Kann das fügen
was nicht mehr zusammenhält?
wieviel gute Aussicht
verspricht das ägyptische Vorbild
gänzlich ohne Waffengang
elegant zur Seite gefegt
der islamische Frühling
in autokratischer Manie?

V

Zenit der schwarzen Kämpfer
jene Blutstätte geschaffen
aus amerikanischen Fehlschlüssen
großspurige Lügen und Versagen
im besetzten Zweistromland
die zornige Armee der Vergessenen
Zündschnüre gelegt
unter Nuri al-Malikis Regentschaft
unterdrückt die Sunniten
so wurde geöffnet
jenes Delta schwarzer Flaggen
Sammelbecken der Rache
die Implosion bis tief
ins Syrien assadscher Machtstarre
die weite Landnahme
gespeist aus
florierenden Antiquitäten
den Lastzügen mit Öl
und stillen Teilhabern
in der Türkei und andernorts

Westliche Bomberklappen
vollziehen blutige Konsequenzen
öffnen Tore für blinde Amokläufe
tief ins Labyrinth Europas
hoch liegt der Opferpreis
Mossul, Stadt um Stätte
zu entreißen
den Plünderern
antiker Schätze

Getötet ihre beiden Kinder
auf das sie erinnert sind
bis zum letzten Tag
sie hätten nicht gehandelt
nach den Wünschen
des schwarzen Kalifats
in der Nachbarschaft
verschenken sie jetzt Spielzeug
überall verstreut
Bruchstücke ähnlichen Leids

136

VI

Nur ein schmaler Sehschlitz
für unsere Blicke
Klaviaturen im Untergrund
verdeckte staatliche Dienste
mitunter feine Webmuster
der verschiedenen Richtungen
die ganzen Lagerbestände
wie will man orten
all die geschickt geknüpften Lügen?
jenes Handwerk
wo professionell zur Nachricht gedengelt
unterminiert werden soll
jedes gerechte Gewichten
und halbe Wahrheiten
in die nächste Schlacht ziehen
Zerrbilder Siege feiern
nie sollten wir uns sicher wähnen
nicht schon wieder Lügenfiguren
im eigenen Kartenblatt zu halten

VII

Ob die libyschen Jagdszenarien
jenen Funken beförderten
der schnelle Zuwachs
junger Generationen
Dürreplagen in der Levante
es bleibt das syrische Tableau
hinter vielen möglichen Wegscheiden
lauerten die grauen Einschläge
ein militärischer Regimewechsel
in republikanischer Manier
schien Präsident Obama
ein weiterer einsinkender Pfad
im Hintergrund ein Gezerre
um geopolitischen Zugriff
ein Denken in Zonen
Chemiewaffen entsorgt
ein rauhes Land will bedeuten
der russische Bombenkrieg
ein günstiges Einfallstor
für welche nächsten Schnitte
an anderer Stelle?
Schlagkraft um Assads
Niedergang aufzuhalten
eine schützende Hand
führt sich vor
als Gauner unter Gaunern
eingeäschert Aleppo
von allen Seiten
keine Rechte mehr gewährt

Die Kurden im syrischen Norden
mit der Waffe in der Hand
wieviel von ihrem Freiraum
werden die Türkei oder andere
ihnen zugestehen
was wird dort künftig
noch aufbrechen?
werden Grenzen neu verlegt?
liegt die Chance
in friedlicher Autonomie
vielleicht nur ein Warten
auf den richtigen Augenblick?

VIII

Sind Zweifel nicht berechtigt
ob islamisch beflaggte Rebellen
mit Waffen versorgt
vom saudischen Königshaus
wirklich etwas zu
demokratischer Kultur
in Syrien beisteuern können?
Saudi-Arabien
läßt sich schwer vorstellen
als Garant der Demokratie
dort wo Parteien und Opposition
mit Verbot belegt sind
die Monarchie
als beste Regierungsform aufscheint
wo kann moderate Rebellion bestehen
wenn überall
die Spiralen der Gewalt
munitioniert werden?
wie kann zwischen all dem
zivile Gesellschaft durchwachsen
parlamentarische Kraft
die Übermacht
an Gegenströmen bannen?

IX

Die Lasten pressen nieder
all die Menschenstunden
ausgefochten werden
stellvertretende Kriegszüge
Koalitionen rüsteten sich zurecht
Rußland, Iran und Assads Restgebiete
stehen gegenüber
den USA, der Türkei,
Saudi-Arabien und Europa
weitere Risse dazwischen
alles in sich festblockiert
über Verhandlungsflure
scheint keine Hoffnung zu führen
an einen runden Tisch
von einem Übergang zum nächsten
Stufen in neue Staatsgebilde
alles nur Notoperationen
nicht zuletzt spielt auf
ein verstimmendes Orchester
mit dem ein Schlagabtausch
zwischen den atomar Bestückten
einen Bombeneinschlag nah
rückt an unser aller Haus

X

Stacheldrahtzäune
gibt es nicht nur in Ungarn
Schotten dicht steht hoch im Kurs
Europa wehrt ab
überall werkelt man
Flüchtende sollen nur Nachbarländer
ins Schwimmen bringen
Transit wird nicht gewährt
Asyl bekommt nur
wer das Schicksal
auf seine Seite
zu ziehen vermag
willkommen ist
wenn man ausharrt
im syrischen Chaos
oder in prekären Zuständen
dicht an den Grenzpfosten
eingezeichnet soziales Elend

Träger und Stützgerüste des Regimes
gehören sanktioniert
jedoch medizinische Hilfe
humanitäre Versorgung
darf kein Hindernislauf
ins Unkalkulierbare werden
befriedete Zonen
regionale Waffenstillstände
Umsiedlung von Kämpfern
mag Leben retten
volle syrische Gefängnisse
und diverse Folterpraktiken
sind vermutlich nicht nur
Falschmeldungen westlicher Medien

XI

Zurück bleibt ein weites Feld
aus welchen Fehlersequenzen
sich zusammensetzt
das ganze Puzzle will bedacht sein
ob man lernen kann
weitere explosive Mischungen anderswo
vor allem Töten zu entschärfen
und quälend bestehen bleibt
das aufreibende Fragegewebe
wie hätten all die Leben
bewahrt werden können
nicht alles münden müssen
in endlose Gräberzüge
die vielstimmig syrische Totenklage

Um Jahrzehnte zurückgeworfen
zwischen all dem Bombenschutt
in Ketten gelegt die Handelsströme
welcher Aufbruch
soll hier irgendwann möglich sein
wenn einst die Waffen verstummen?
wie sollen die Wunden heilen
in dem von neuen Grenzen
gespaltenen Land?
wer will noch weiterkämpfen
an den verwüsteten Stätten?
welches Zündmaterial
könnte später
erneut in Brand gesetzt
weitere Tragödien entfesseln?
gibt es einen Weg
der fast allen Syrern
zurückgibt ihr Leben
in die eigenen Hände
Zukunft und Hoffnung begründet
jenseits aller Kriegsparteien?

Dämmerlicht

Geister patrouillieren
durch russische Straßen
Ivan der Schreckliche
flüstert aus seinem Grab
neu seine schwarze Statue in Orel
ein Wiedergänger ist unterwegs
staatsterroristische Obsessionen
von den Seelen der Toten
berichtet der Untergrund
Ostukraine, Syrien, Tschetschenien
etwas steht vor Putins
goldenem Tor
Bolzspiel mit Totenköpfen
Mephistopheles lächelt:
Komm mein Lieber
es ist Zeit!

Die weiße Revolution
geht weiter
verspritzt von Bütteln
hilft manchmal
auch grüne Giftfarbe:
Nawalny filmte
Medwedjews Kleptomanie
immer neue Lagerstätten
an berechnendem Hinterhalt
Stalin tanzt wieder
mitten unter den Menschen
inszenierte Gaukelbilder der Macht
gewaltige Schraubzwingen
nur gleißendes Licht hilft
gegen solche Pranken

Wird der nächste Präsident
die Krim an die Ukraine
zurückerstatten
aus der Geiselhaft entlassen
den ukrainischen Donbas?
russische Bomber über Alaska
Schweden, Kurs über der Nordsee
pokern mit roten Knöpfen
noch Mutproben gefällig?
Diktionen eines
verhaltensgestörten Rowdys
niemand weiß
ob das Baltikum oder Mariupol
nicht doch als Menü
serviert wird
Kaliningrader Raketensinfonie

Politowskaja, Litwinenko, Nemzow
die lange Reihe von Attentaten
Polonium im Staatsschlußverkauf
Märchenkunde als Ermittlung
alles ohne Hintermänner
Geschichtsbücher haben Preisklassen
es gab schon öfter mal
Fetischismus für Staatsgeheime
man spiele sie durch
die rumänischen Impressionen
Ceausescus letzter Rausch
Logik der inneren Konfrontation
die Zeitungen würden berichten:
Schnellverfahren gegen Putin
Militärgericht verurteilt
Expräsident erschossen
nur das Schicksal öffnet Türen

Vielleicht reicht einst
die Europäische Union
bis Wladiwostok
obrigkeitsstaatlicher Geist
mit Staffage-Demokratie
ist auch für Brüssel kein Gesetz
Bataillone der russischen Vernunft
zwingt es herbei
Geschwüre, Oligarchie und Korruption
herauszuschneiden
Traditionen sind Henkersmahlzeiten
soziale und ökologische
Kilometersteine wollen gesetzt sein
Abrüstung muß
von Moskau über Berlin
auch Washington erfassen
Menschenbrücken
zwischen Europa und Rußland
ein Bogen, ein Fest, ein Kunstwerk
das freundliche Wort mit Gewicht
eine Lektion von jenen
die „jeglichen Anstand verloren hätten"
attestiert ein Demonstrant
vor der Kamera

Anfrage an Sergej Lawrow

Mit Schulproblemen
eines russland-deutschen Mädchens
und dessen kurzzeitigem Verschwinden
die deutsche Flüchtlingsdebatte
zu befeuern
Applaus, Applaus!

Wie intelligent
muß man eigentlich sein
um als Außenminister
auf die Propagandabüchsen
der eigenen Fernsehsender
hereinzufallen?

Ach, das ist Teil der Strategie.
Zweifel säen
punkten gegen
den Rest der Welt

Wehe ein deutscher
Außenminister käme auf die Idee
öffentlich zu fordern
all jene aus
russischen Gefängnissen
freizulassen
die dort schuften
weil sie nicht
nach Putins Orgelei tanzten
für Vergehen die bestenfalls
als gesunder Menschenverstand
beanstandet werden könnten

Damit man Steinmeier
öffentlichen Ministerprotest abringt
muß man schon richtig
Porzellan zerschmissen haben.

Eben: neue russische Diplomatie

Eine angebliche Vergewaltigung des Mädchens durch Flüchtlinge wurde propagandi-
stisch ausgeschlachtet, obwohl längst klar war, daß es sich um eine Lüge handelte.

146

Wie man Naturschutz aushebelt

Das Bundesverwaltungsgericht
zwitscherte sich einen
und merkte nicht
das es Flugrouten
quer durch Vogelschutzgebiete
zur Landung zuließ
oder waren die Leipziger Richter
längst politisch gekauft
von SPD und CDU?

Sie werden sich gedacht haben
der politische Auftrag heißt jetzt
Blechvögel sind zu schützen
dafür wären Naturschutzgebiete
geradezu ideal geschaffen
es gilt staatlich organisierte
Umweltkriminalität zu decken!

Sie schleifen einfach mal
europäisches Naturschutzrecht
und die Parteien interessieren
sich ohnehin nicht
für stark vom Aussterben
bedrohte Trauerseeschwalben
und Rohrdommeln
sensible Kranichbruten
auch Eisvögel, Beutelmeisen
und Fischadler
sind völlig überflüssig

Selbst Grüne und Linke
üben sich in Ahnungslosigkeit.

Beide östliche Landerouten des Flughafens Schönfeld zerschneiden diagonal das
Natur- und Vogelschutzgebiet, ebenso eine der Startrouten.

Schlüsse

Wenn wir heute
in einem System leben
in dem einige
50-mal soviel verdienen
wie die Bundeskanzlerin
findet das selbst
der frühere Bundeskanzler Schmidt
als konservativer Sozialdemokrat
obzön

Ist dann nicht eine Ordnung legitimer
in der es solche Finanzexzesse
nicht gegeben hat
und die erheblich weniger Schulden
angehäuft hatte
wie aktuell die deutsche Politik?

Ist es nicht gerecht
das im Volk verbleibt
was durch Volkes Hand erarbeitet
und nicht eingestrichen wird von denen
die immer mehr bekommen
weil sie längst genug haben
und schon gar nicht
das abgezockt wird
in den Spielhöllen der Börse
der bittere Lohn
von den Eßtellern der Ärmsten
in den Slums?

Bayerische Amokläufe

Wir mischen auf
Tollheit ist unsere Passion
in jedes Dorf
stellen wir unsere Mauthütte
und Windräder
halten wir uns auf Abstand
der Verkehrsminister
ist ein anzugkariertes Genie
projektiert Verkehrswege
mitten ins Klimadesaster
mit Herdprämien
konservieren wir
die Rolle der Frau

Dank unserer Obergrenzen
brechen wir Asylrecht
wir wollen populistisches Profil
von rassistischer Politik
reden nur Übel-Wollende
wir scheren uns nicht
um christliche Werte
denn wir werden verfolgt
von rechts Außen
Oberhirte Seehofer
diniert mit Putin
wegen der bayerischen Milch
in Moskau kennt man sich aus
mit totalitärer Regie
Sanktionen gegen Kriegstreiber
akzeptieren wir nicht

Manchmal jammern sie
wie kleine Kinder
wenn Kanzlerin Merkel
ihnen das Spielzeug klaut

Welche lobenswerten
Entscheidungen treffen Christsoziale?

Wie tief darf der IQ
einer Partei sinken
bevor man sie
zu ihrer eigenen Sicherheit
aus dem Verkehr ziehen muß?
Haften die Wähler
für die Eskapaden
ihrer CSU
die daherstürmt
wie ein cholerischer
Don Quichotte?

Wenn ja,
dann würde es teuer
das Kreuz!

Hartzerei

Dein Geld gib immer zügig aus
wirst du dann arbeitslos beizeiten
mußt du die Stütze nicht bestreiten
vom eigenen Konto und bist fein raus!

Hast du dein Geld zu Hause deponiert
im Versteck geparkt ganz schwarz
ärgere dich nicht, wenn ungeniert
die Inflation es frißt und nicht der Hartz

Ein Staat, der seine Bürger so drangsaliert
gehört vom Volke lautstark ausrangiert
die Demokratie soll man sorgsam schützen
aus dem Amte jagen, die nur sich selber nützen

So ist es

Ich bin der Nichtverbündete
von Ideologen aller Couleur
rote Karten und Abpfiffe
sind mir gewiß
da teile ich gern aus
wie man mir austeilen wird

Dabei liebe ich geordnete Verhältnisse
in all dem spröden Wildwuchs
man müßte sie schätzen

Aber wie soll man es einrichten
wo so vieles geändert gehört
und die eigene Kraft
längst vor den Horizonten ausläuft?

Korruptes Staatspersonal

Russisch Gasprom
eröffnete eine Filiale
im Bundeskanzleramt
die Leitungen führten
direkt vom Kanzlersessel
zum Aufsichtsrat
noch Schröders im Angebot?
Kanzler sind käuflich!
haben Sie schon einen
wollen Sie noch mal?
ganz billig zu haben
Bruderküsse mit Diktatoren

Ein solares Atomkraftwerk gefällig?
Rezzo Schlauch besorgt es ihnen
bei Grün geht alles
ein flottes Techtelmechtel
Energiekonzerne machen's möglich
schön einkaufen gehen mit EnBW
Fraktionschefs und Staatssekretäre
immer wieder Schlußverkauf
jede Menge Restposten Demokratie
über Bord
mit der letzten Portion Anstand

Minister Arroganz
der Hartz-IV-Macher
und Rezzochef
der Clement vom Dienst
arbeitet jetzt dort
wo üblicherweise CDU-Vertraute
zu vermuten sind
und der Vorgänger Müller
vom Clement auch
überall nur noch
Nester der Korruption
sollte man wie Terrorismus bekämpfen
finden Sie nicht auch?

Finanzminister werden jetzt jene
die sich mit schwarzen Kassen
besonders gut auskennen
hat Schäuble je gelogen?
nein, es gibt keine Kohlothek
keine Abgänge mit Spenden
mit vielen Verzweigungen in der CDU
die Christdemokraten
hatten noch nie Probleme
mit illegalen Spendenflüssen
das haben alles nur die falschen Fuffziger
in ihren Zeitungen dahergeschrieben!

Die Liberalen lassen sich
ganz offen schmieren
die hohe Spende
aus dem Hotelierbereich
hat niemand von den Gelbpolitischen
veranlaßt in dieser speziellen Sparte
die Mehrwertsteuer zu senken
sie tun alles für ihre Klientel
wie könnte man so etwas denken?
die Preise für Übernachtungen fallen doch!
es darf laut gelacht werden

Sicher sind noch nicht alle Abgeordneten
gekauft von jenen und diesen
die wirkliche Macht ausüben im Staat
doch demokratisch zu nennen
all jene Rattengänge
unter dem deutschen Bundestag
wäre schon fast so
wie Fleischtöpfe
als vegetarische Kost preisen

Es ist an der Zeit
all jene aus der Politik zu schließen
die sich anbieten für Ziele
die nicht vom Volk gewählt
sondern die falsche Münzen prägen
und handeln mit den Gesetzen
auf den Ramschtischen der Plutokratie
verscherbeln was ihnen nicht gehört
und pokern auf spätere Jobs
gut bezahlt, wie sonst?
Parteien gehören an die Kandare
verboten interessierte Gaben
gereicht von der Industrie

Schäubleschäum

Schon wieder pokert er
mit falschen Karten
findet immer neue Arten
das Grundgesetz zu demolier'n
eben ein ganz lieber revolutionärer
christlich-demokratischer
Haudrauf-Verehrer

Ach, wie ginge es uns elend
gälten Terroristen uns als fehlend
keine Arbeit hätt' Schäublette
unser Scharfrichter für's Böse
ginge keine dicke, fette
Beute ihm ins Fahndernetz

(wirklich total traurig
wäre unser Innenminister
könnt ihr mir glauben)

Dabei will er uns befreien
von Recht und Freiheit
sowie anderen Narreteien
jede Wohnung will er sichten
und die Terrorsucht gewichten
dort beim Bürger im Computer
am Telefon ein wenig lauschen
seid still, dann hört ihr ihn
in der Leitung rauschen!

Nein, der Bürger darf nichts denken
was hehre Ordnung könnt' verrenken
oh, da wacht er drüber strenge
macht immer wieder Fang um Fänge
auf Vorrat wird jetzt jedes Wort gespeichert
für jeden Bürger Klagepunkte angereichert

Ein paar Schützenpanzer will er senden
die liebe, gute Polizei zu stärken
sollte mal wieder das Volk was wenden
die Lektion werden sie sich merken

Bestellst du neue Reisepässe
ist es aus mit deiner Fingerblässe
sie nehmen dir den Abdruck nur
so entsteht bestes Fahndungsmaterial
für die nächste deutsche Diktatur
Geisterfahrer triumphieren dann fatal

Je mehr Terroristen aufgeblasen
um so schneller gelangt er an sein Ziel
den Überwachungsstaat gefährden
darf niemand - klar - denn er will toppen
Stasioberst Mielke, den Großohrspezialisten
wie er herrschte in der Dschi-di-ar
und niemand kann ihn stoppen
den neuen Stasioberst Marke West
Schäubi will den Spitzenplatz
das ist der Sinn der ganzen Hatz

Na, dann Glück auf
und ein dreifaches Ho, ho!
oder wie hieß das bei Honni?

Klar, Schäubleschäum
der liebt euch alle
absetzen sollten wir ihn aber balle.

Amerikanische Horchposten

Da müssen einige ganz
genau wissen
was die Telefone und
sonstigen Daten
im Bundestag
und Kanzleramt flüstern
denken offenbar
das sie sich immer noch
als Besatzungsmacht
aufführen können
und solche kriminellen Orgien
ganz Stasi-in-Ordnung sind

Die Botschaft
aufgerüstet als Horchposten
damit Amerika weiß
was die deutsche Politik hier flüstert
und bei jeder Verhandlung
schon vorher informiert
was auf dem Tablett liegt
wer schickt endlich
diese Schnüffelmafia
heim nach Washington?

Einmal das
diplomatische Parkett verlassen
und eine gründliche
Hausdurchsuchung
mit Hundertschaften Polizei umringt
die Berliner US-Botschaft
und alle anderen verdächtigen
amerikanischen Einrichtungen
auf den Kopf stellen
so lernen auch langsam
die Undienste aus Übersee
das Deutschland
nicht der wilde Westen ist

Solange aber CDU und SPD
die fünfte Kolonne spielen
und amerikanische Interessen
für ihre eigenen halten
können US-Schnüffeldienste
noch lange jedes Telefonat
und jede E-Mail lesen
Wirtschaftsspionage betreiben
Datenschutz für Bürger
mit beiden Füßen treten

Was treiben eigentlich
unsere eigenen Spezialisten
für abhorchende Demoskopie?
Kanzlerin Merkel
wird schon wissen
warum sie so schweigsam ist
und unsere Einheitsparteien
für Vorratsdatenspeicherung auch

Den alternativen Nobelpreis
für Menschenrechte
verdient Snowden ganz sicher

Machtergreifung

Seine Stimme orgelt
in allen Registern
durch die türkischen Weiten
Riesenplakate preisen den Führer
Redakteure als Freiwild
ein Präsident auf Safari
serienweise Zeitungen eingesargt
alles auf treuen Staatsfunk geknebelt
unzählige Abgeordnete
hinter Schloß und Riegel
die Justiz verurteilt
zum Rattenschwanz
des Sonnensultans
osmanisch dekretiert er
im neuen weißen Prunk-Palast
tausend Zimmer zum Verirren
die ständige Ausnahme

Gepfefferte Worte
geschleudert in alle Richtungen
Injektionen der Angst
Gülen als Sündenbock
für eigene Fehlermetastasen
die türkische Lira
schmilzt weich dahin
nach den Höhenflügen
im Honigreich von Prozenten
Stahlbeton, Wohlstand und Fahrzeugblech
Speichen die stützen
beim islamischen Führerkult
und Aufmärsche
in roten Fahnen mit Mondstern
lauschen dem Einflüsterer
eine Mimose
jede kritische Notiz
entfacht eine Staatsaffäre

Klägliche Aktionen einiger Militärs
nur ein günstiges Stichwort
Dammbruch für den eigentlichen Putsch
frische autokratische Morgenluft
als machtloser Bittsteller das Parlament
gründlich sortierte Abgeordnete
austauschbare Spielfiguren
nur ein Fingerzeig des Zungenfertigen
die Gefängnisse platzen
aus allen Nähten

Als Schlußstein ein Spott darauf
für wie dumm man
das eigene Volk auf dem Lande
ein Referendum das niederreißt
letzte demokratische Planken
Haltelinie vor dem Abheben
ins Herrscher-Paradies
und doch die halbe Bevölkerung
gegen den Durchmarsch
wie gut wurde gezinkt
das Resultat mit irregulären Stimmzetteln?
am Ende hinterhergeschmissen
noch den Parteivorsitz der AKP

Die Berliner Regierung
verfangen in geopolitischen Fallstricken
ungekündigten Flüchtlingsdeals
endlos weichgepinselt
jede Wortmeldung via Presse
all die Regierungsparteien
unkenntlich bis unsichtbar
haben plötzlich verlernt
was eine klare Ansage ist
und wie man sie
auf den Punkt adressiert
soviel überbordende Feigheit
läßt sich selten beobachten
auf freier politischer Wildbahn
niemand wagt es
von Sanktionen zu reden
für die obersten Fahnenträger
dieses türkischen Putschs
und überall dort
wo es richtig einschneidet

Manchmal werden Bögen überspannt
niemand kann vorhersagen
was auf den Trümmern
dieser autoritären Raserei
heranwächst
Erdogan beliefert
den Islamischen Staat mit Waffen
und nimmt ab die Kriegsbeute
wirft Bombenlast
auf Verbündete der USA
wenn da mal nicht
ein großes Kurdistan aufsteigt
die Grenzen des Orients neu vermißt
und ein Ende setzt
dem ewigen Bürgerkrieg
der Willkür aus Ankara

Erich Fried

Geöffnete Tore
aus dem Reich
belangloser Zeilen
ein Großmeister
politischer Verse
Wildwuchs aus Wortbrüchen
jüdisch fluchterfahren
und politische BBC-Stimme
Sachverständiger
für Krieg und Frieden
und wie man
neue Liebesbriefe
wachsen läßt

Gerne hätte ich mit dir
öfter am Kaffeetisch gesessen
und darüber debattiert
wie man richtig gute
Gedichte schreibt
regimekritisch
letzten Schliff graviert
für subversive Formen
und den eigenen Ausschuß
minimiert

Wir hätten uns sicher
prächtig verstanden.

Ohne das Erinnern
an deinen Sound
vermutlich nie wieder wären
eigene Gedichte entstanden
ewig Dank an jene
die mir einst
deinen Namen verriet

Wortwechsel

Und er spricht
der böse Wicht
ich mach dir gleich
ans Fahrrad Licht

Da sag ich ihm
ganz galant
er wäre
übermäßig penetrant
und wenn er mich
noch weiter störe
mit seinem elenden Genöle

Ja, was dann?

Ich fange einfach an
ihm auf den Leib
schreib ich ein Gedicht
dem bösen Wicht
würg ihm eine rein
damit jeder sieht die Delle
in seinem Heil'genschein

Gelle?

Hexenstand in Prag

Ein Händeklatschen
schon zickerte und lachte
die ganze hutversorgte Schar
rote Augen glühten
grauhaarig
die Alten

Nach längerem Rätseln
entschied ich
für eine braun-goldene
mit schwarzen Rockstücken
die grünglänzende
war nur knapp unterlegen
unter den Hakennasigen

Nun treibt sie gelegentlich
Spektakel für die Kinder

Silvester

Wehe man verwechselt
im Eifer
die braune Zigarre
mit dem Chinaböller

Beide sind anzuzünden

Den Rauchstängel
wegzuwerfen
wäre verkraftbar
an dem anderen zu ziehen
ein schlechtes Omen
fürs neue Jahr

Wegweiser

Besteht die Gefahr
gibt es Leute
die die Kirche nicht
im Dorf lassen wollen?

Wozu sonst sind überall
braune Wegweiser mit weißer Schrift
für die Dorfkirchen montiert worden?
Wie könnte man die
Kirchturmspitze im Dorf übersehen?

Vielleicht will man
das unchristlich abgefallene Volk
wieder in den Gottesdienst locken?
oder lag es doch nur daran,
daß sich die Schilderbauer
eine goldene Nase
verdienen wollten?

Gesehen in Mecklenburg Vorpommern, 2009

Nicht mehr da

Immer noch hoffen
auf deine schwarze Kontur
vor dem Fenster
mautzen
buschiger Schwanz

Auf allen Wegen
kein Katzenindiz
wie betäubt
schleichen sich
die Tage davon
der Kopf brennt

Drei Katzen fehlen
auf einen Schlag
in unserer Straße
nach angepinnten
Suchzetteln
völlig apathisch
gelangt eine zurück
das ergibt nur
einen Reim

Keine Lady
die sich über
die Tastatur räkelt
Schriftstellerkatze eben
Futter haschendes
Schnäuzchen
nötiger Tierarztbesuch
als Vorwarnung

Wie tötet man?
der schlimme Verdacht
ist ausgelegt
jemanden störten sie
die Seidenfelle
und es bleibt die Sorge
ein junges, neues Tier
läuft dem Hasser
in ausgefahrene
Krallen

Dvorák am Berg hören

Rote Lichter der Spitze
blinken manchmal
durch das Geflecht
von Fichtenzweigen
der Wilde See längst
nachtverschmolzen
aufwärts die Hornisgrinde
vom Turm funkt der SWR
der Radiomoderator spielte
vier Stücke hintereinander
als böhmische Sinfonie
die ganz anders firmieren
weit zurück
gab das Stichwort
ein Musikforscher

Früh am Morgen
dicke Rauchschwaden
der Brotbäcker heizt an
Speckbrötchen ofenfrisch
als Proviant im Rucksack
einst Sperrgebiet
nicht nur französisch
übrig ein winziger Restbestand
noch immer warnt
oben auf dem Berg ein Schild
„Vorsicht Schußwaffengebrauch!"
freundliche Grüße
aus dem militärischen Sicherheitsbereich
daneben surrt ein
Bergspitzen-Windrad
durchs Hochmoor
führt der Holzweg

Eine Trainingsjacke
kombiniert mit Grau
die russischen Staatsfarben
und FSB-Schriftzug
der Träger umrundet den Mummelsee
vermutlich nicht
aus geheimdienstlichen Gründen

Herbstbögen

In unzähligen Keilen
stürmen sie zum Ziel
ein riesiger Wirbel
über dem weiten Schilfsee
für ein paar Tage
herbstliches Quartier
der Blessgänse

Gespannt
schwarze, federleichte Netze
in den Fadenbeuteln
verfangen sich Bartmeisen
andere kleine Flieger
gesammelt in weißen Säckchen
gelistet wird ihr Zustand
ein winziger Ring verknüpft
in die kleine Tütenwaage kopfüber
und ab geht es
auf eigenen Flügeln

Beringte Funde
bei verschiedenen Vögeln
weisen auf
weit entfernte Landschaften
Züge über viele Grenzen hinweg
und wo Bestände wachsen
oder den roten Listen
letzte Flugkünste folgen
Farben und Gesänge
hinter den Horizonten
verlöschen

Usedom

Gigantische Eiskolosse
mit Sand und Steinen
schoben einst zuhauf
Moränenzüge
steigende Meeresspiegel
tauften eine neugeborene Insel
zu Ebenen verlandeten
feuchte Areale

Wasserzungen im Inselland
Wiesen schwimmen spiegelnaß
gesetzte Segel
Straßen und Wege
eingehüllt in Alleen
Brücken mit Öffnungszeiten
im Borkwald
hohe Wälle noch heute
einst slawische Höhenburg
Holzpalisaden schützten

Villa für Villa
in weißem Reichtum
führt sich die Republik
gespalten vor
blickt der Armut
ins Gesicht
Bratwurstpreise am Strand
in Spitzenwerten
überall zeigt die stille Inflation
ihre Füße

Der große Fang nach Urlaubern
auf die Netze, hin zum Strand
Seebrückenhektik
beständig zieht die Bäderbahn
zwischen Ost und West
versteckte Möwenörtchen
Augenparadiese
vereinzelt Grätenhäuser
die nimmt die Zeit mit sich

Mühlenflügel aus Holz
neu in den Wind gesetzt
jetzt zeigen weder
Raketen noch Militärjets
wo es langgeht

Bald enden die Jahrtausende
überdeckt die Buhnen von der See
nimmt Fläche um Fläche
findet das Wasser neues Terrain
bricht durch, teilt die Insel
Deiche verschwemmen
in der Unterwasserwelt

Stadt hinter den Schären

Tausende steinerne Inseln, vorgelagert
gemischt mit Grün und Wald
dann öffnet sich weit
die Ostseemetropole
ruht auf Brücken, Schiffen und Fels
nachts: Lichtermeer und Partymusik

Spät und langsam wuchsen
heraus aus den Wassern
die ersten Vorboten der Pfahlstadt
am Ausfluß des Mälaren
nach dem die Ära
der Eisgewichte abbrach
an den Kanten
eines wärmeren Klimas
Dichter Snorri Sturluson
gibt ersten Bericht

Im Tivoli kurvt die Geisterbahn,
unerwartete Schrecksekunde
dank herausschnellendem Nippel
an der rollenden Sitzbank
im geschlungenen Stahl
windet sich die Achterbahn
Tango tanzen im Pavillon
Zuckerwatte für Kinderhände

Noch viele stolze alte Bürgerhäuser
hier ging kein Bombenhagel nieder
nur manches Moderne schob
aus Gesichtsfeldern alte Häuserzeilen
Parkplätze gibt's nur mit Kreditkarte
von hier verleihen Nobelpreise
Respekt für große Leistungen
überall in Weltgegenden

Bullaugen für die Morgensonne
Segelschiff als Jugendherberge
hier wohnt Europa in Kajüten
Hamburger gibt es auf schwedisch
Straßenbahnen im Minutentakt
Braun mit goldenem Zierstreifen
die Richtungen der Endhaltestellen
in kräftiggelber Anzeige
inmitten des Panoramas
Lachse angeln

Alte Türme, Mühlen und Kirchen
Bauernhäuser aus allen Epochen
von landesweit hier versammelt
Holz, Stein und Stroh
Skansen - zu finden
auf einem grünen Inselberg
am Werken Glasbläser, Schmiede,
Bäcker, Drucker, Tischler
von Wolf bis Elch
zwischendrin die Tiere Schwedens

Fürs Fernsehprogramm:
Industrie-Schornstein
mit zackigem Aussichtspanorama
Große Fährschiffe laufen aus
zu vielen Punkten des Globus
weiß-grau-schwarz
Kanadagänse streifen
überall als Parkgäste
cremfarbene Fassaden
königlich, am Rand mit Seelage
Schloß Drottningholm

Hinterlassen

In der Weite nackte Wege
Fichten wie gemäht
am Fuß der Tatraspitzen
nur wenige Zerzauste
inmitten der Schneise
Kilometer um Kilometer
die orkangeschont blieben
Brachland
reiches Reservoir
für die Armee
der Borkenkäfer
braungraue Holzleichen
leichte Beute
für Funkenflug
junges Laubgrün
läßt auf sich warten
an den südlichen Hängen

2004 verwüstete ein schwerer Orkan in der Slowakei den Nationalpark der Hohen
Tatra. Laut slowakischem Landwirtschaftsministerium sind rund drei Millionen Kubik-
meter Wald zerbrochen oder entwurzelt worden. Das entspricht rund 90 Prozent der
jährlichen Forsternte des Landes.

Borschtsch

Tiefrot wie Wein
angetan hatte es mir
eine polnische Variante
mir oft serviert
im Nachbarland

Irgendwann köchelte
meine Version
abgeschmeckt im Topf
nach eigenem Gusto

Stücke von Kartoffeln
und Mohrrüben
ein Achtel Kohlkopf
nicht zuviel
geschnitten rote Beete
ein wenig Hühnerfleisch dazu

Wie man jedoch
„Barszcz czerwony"
ersetzen könnte
Instantprodukt
beschaffbar
nur jenseits der Grenze?

Ohne gelingt es
nicht auf den Punkt
Dank Internet
muß man nicht mehr reisen
dort die Zutatenliste
sogar deutschsprachig
besser nicht lesen!

Was fehlt noch?
etwas Tomatenmark
Petersilie gehackt
Stockschwämmchen
aus Gläsern
veredeln
vielleicht etwas Pfeffer
Lorbeerblätter

In der Suppentasse
verfeinert mit
Crème fraîche obenauf
knuspriges Brötchen
nicht vergessen!

Ufa

Das Landekreuz
wie es der Zufall wollte
hier trafen wir uns
die goldnen Kuppeln grüßten
wie die Brückenbalustrade
„dabro poschalawatch"
hier im östlichsten Europa
ein Blumentöpfchen
in Miniatur für dich
entborgenes Gut
nach verbotenem Transit
schon ein erster Wangenkuß
keine langen Briefe
nicht Fernverkehr der Illusionen
wir sitzen nebeneinander
im Taxi ganz in echt
ein erstes Mal

Ungebucht

Kreuzen unter schwarzen Segeln
immer wieder doppelte Horizonte
und der ratlose Blick
auf die Reserven
eine Mannschaft fehlt an Bord
dies Geisterschiff und diese Reise
alles ungeplant und ungewollt
weiße Segel erscheinen
nur noch in Träumen
man wähnt schon das Wrack
am Meeresboden liegen
und doch schwirrt der Alptraum weiter
Tag um Nacht und Nacht um Tag
selbst im dichten Nebel geht es voran
doch wer weiß schon
wo all die Riffe liegen?
eine Anklage gegen sich selbst
Seekarte wie Kompaß

Schlafland

Wilde Hunde
fallen über die Nerven her
in den Linien
ein, zwei Zacken
falten die eigene Sicht
gezeichnet braundunkle Ränder
vom fehlenden Tiefschlaf
Hängebauchringe
unter den Augen
man kann sich kaum noch halten
und viel fehlt nicht
daß man den Halt verliert
im Sog jener Phasen

Geht es zwei Tage leichter
kommen sie wieder
die Treibjäger
vom müden Kontinent
und nichts hilft
gegen diese Bagage
Folterknechte
später überall eigene Fehler
am Straßenrand

Jahre im September

Blätter, zermatscht im Regen
mir bleibt kein Sommer, trübe Lüfte
toter Abzweig und auf grauen Wegen
aus Brüchen werden tiefe Klüfte

Gleitflug in gewebte dunkle Nacht
immer weiter von gewünschter Spur
etwas Fremdes übernimmt mit Macht
im Herbst ziehen graue Nebel nur

Alpträume verschiedener Natur
mir kam eigenes Licht abhanden
nichts führt ins Sonnenland retour
wie zurück ins Offene landen?

Gewande streifen flüchtige Höhen
Aufstieg kommt dem Kriechgang gleich
immer wieder kranke Körper-Böen
wird harter Griff noch öfter weich

Falsche Saiten sind aufgezogen
nur weil hier die Not bestimmt
einfach die Brücken hingebogen
weil der Druck den Atem nimmt

Im Herbst ziehen Kraniche dahin
Winterstürme werden kommen
man wartet wieder lange auf Gewinn
Zeit, unwiederbringlich bleibt genommen

Neue Sichten

Abreisen von den Orten
die früher erreichbar
gewesen wären
häufiger ablegen vom Ich
wandeln auf
den Schleichwegen
buddhistischer Gedanken

Und doch tauchen
schwarze Girlanden auf
so manche Tagenge
will passiert sein
immer mal wieder
Siege verbuchen
auf dem Feld
der verlorenen Dinge

Antworten finden
trotz waghalsiger Steigbügel
suchen nach
neuen Haltepunkten
unerforscht das Gelände
mit der Fähre übersetzen
ins Reich freier Spuren
Magier sein
in weißen Sphären

Wann sucht der Selbstbetrug
nach Fluchtwegen und Blendwerk?
wo helfen Illusionen
Pfade zu halten
in kaum passierbarem Terrain?
welche Schachzüge riskieren
wenn sich sicherer Halt
auflöst in Truggestalten?

(im Kontext von Hypno- und Schmerztherapien)

Erzählungen

Arktische Begegnung

Der ständig finstere Winterhimmel in der Arktis zog allmählich auf. Schon wurde die Sonnenkraft schwächer und schwächer. Die Bärin suchte weit oben an einem geschützten Berghang eine geeignete Stelle für ihr neues Quartier, in dem sie die langen Monate der Nachtzeit verbringen würde. Eifrig kundschaftete sie den besten Standort aus, testete an mehreren Stellen, prüfte. Erst als sie sich sicher war, grub sie eine Vertiefung in den Schnee. Halb Höhle, halb offen richtete sie sich ein. Den Rest besorgten die ersten Schneestürme im polaren Winter. Bald lag ihr Quartier unter dickem neuen Schnee. Niemand konnte sie mehr stören. Mit ihren Pranken formte sie ihre Höhle weiter aus. Hier drinnen war es zudem längst nicht so kalt wie draußen im klirrenden Frost. Ihr Körper wärmte das Innere. Nun rückte eine neue aufregende Zeit auf die Bärin zu - das erste Mal in ihrem Leben. Eines Tages tauchten zwei winzige Wesen auf, kleiner noch als ihre eigenen Pranken. Mit ihrer schwarzvioletten Zunge schleckte sie die Geburtsreste ab. Später rollte sich die Mutterbärin kreisförmig zusammen. Vor ihrem Bauch entstand ein Raum aus Fell und Wärme. Alsbald saugten die beiden Häufchen die fette Milch aus ihren Zitzen. Noch konnten sie nichts sehen, wirkten wie völlig unbeholfene Knäuelchen. Doch mit jeder Woche wuchsen die Winzlinge Schub für Schub. Draußen im dauernden Nachtdunkel fackelten die grünen Polarlichter. Als lange Schlangen spukten sie umher, entfachten immer neue Gebilde.

Als der Frühling nahte, verwandelten sich die beiden immer mehr in richtige Bären, sehr klein zwar noch, aber jetzt eindeutig erkennbar. Und die Kinderstube aus Schnee geriet zuweilen zum Tollhaus. Sie hechteten hintereinander her, stiegen der Mutter auf Kopf und Rücken, zwickten sie an ihrem Stummelschwanz und trieben allerlei Schabernack. Es schien, langsam wurde ihnen ihr weißes Quartier zu eng. Die Bärin verspürte, es war an der Zeit, neuen Robbenspeck zu schlagen. Viele Monate fastete sie schon. Im vergangenen Herbst hatte sie die letzte Nahrung verschlungen. Spürbar magerte sie mit jeder Woche mehr ab.

Die polare Dauernacht löste allmählich ihre Himmelszangen. Die Frosttemperaturen sanken weniger tief. Das Weiß der Ebenen und Schneewehen kehrte zurück in die Welt des Lichts. Die Sonne stieg, wenn die Erde erneut sich selbst umrundet hatte, jeweils ein wenig höher über dem Arktishorizont. An einer weißen Anhöhe bewegte sich etwas unter der dicken Schneedecke. Ein kleines Loch bildete sich. Plötzlich griff die Tatze der Eisbärin aus der Schneetiefe. Ein schmaler

Streifen Tageslicht drang ein. Ein paar Minuten später lugte ein kleiner Eisbärenkopf mit braunen, knopfartigen Augen aus dem weißen Schneehang. Schwupp - tauchte er wieder ab. Ein wenig später drängten gleich zwei Eisbärenkinder ihre Schnute nach draußen. Aber beide zugleich paßten sie nicht durch die enge tatzengroße Öffnung. Sie kabbelten miteinander und der Stärkere knurrte ärgerlich. So ging es nicht, wie sehr sie sich auch mühten. Sie krochen zurück in die dunkle Mutterhöhle.

Die Bärin weitete den Ausgang und ragte nun mit halbem Körper hinaus. Auch sie mußte sich an die lange vermißte Helle gewöhnen. Die Mutter prüfte aufmerksam die gesamte Gegend. Wehte nicht irgendwo ein Geruch heran, eine Gefahr? Aber alles verblieb in völliger Stille, nichts deutete auf Derartiges. Kurze Zeit später wagte sich eine junge Eisbärennase erneut ans grelle Licht. Sie schnupperte ein wenig von den ihr noch fremden, neuen Düften. Mit einem Satz sprang das Kleine dann hinaus in die neue Schneewelt. Doch was passierte nun? Es verlor den Halt. Unter viel Geschrei und Gebrumm rutschte es auf seinen Tatzen den Hang hinunter, wollte bremsen, doch es gelang nicht. Noch eine seitliche Rolle dazu, dann kam es unten an, sprang sofort wieder auf und schüttelte sich kräftig. Noch überrascht von der Rutschpartie, rief es nach der Mutter. Oben lugte der kleine Kollege Nummer zwei aus dem Bau und bewunderte die Akrobatik seines Vorgängers. Soll ich jetzt auch da runter?, fragte er sich. Er schüttelte den Kopf und dachte gar nicht daran. Hier im Bäreniglu war es doch auch ganz angenehm.

Nach einer Weile deutete die Muttertatze an, der Ausgang da vorn sei doch lohnenswert, schau doch mal, was es da draußen alles gibt. So wagte sich auch der zweite Fellkamerad in die freie Natur. Aber er testete vorsichtiger das neue Terrain. Mit kleinen Tapsschritten tastete jener sich voran, prüfte, wo er sicheren Stand bekam. Doch dann merkte er, auch mit ihm sollte es den Abhang hinuntergehen. Mit aller Kraft klammerte er sich fest und wollte hinauf, zur Höhle zurück. Ein paar Schritte schaffte er wieder nach oben. Doch dann verlor er den Halt und rutschte mit dem Hinterteil voran dem anderen Bärenkind entgegen. Ein dicker hartgefrorener Eiszacken ragte auf, stand wie ein Prellbock im Weg. Schrill jaulte das Kleine auf. Das tat weh!

Oben verließ auch die Bärenmutter das Winterquartier. Träge, aber mit gekonnter Balance, folgte sie ihren Kindern. Sie rutschte den Hang auf dem Bauch hinunter und hatte ihren Spaß dabei. Unten richtete sie sich auf, stand ein paar Minuten auf zwei Beinen und nahm die Gerüche der weiteren Umgebung wahr. Aber alles schien in Ordnung. Die Alte drehte mit ihren Kindern eine erste kleine Runde. Die schnupperten überall, wo es etwas zu entdecken geben könnte, noch vorsichtig.

Dann spielten die beiden eine Runde Fangen. Einer biß den anderen ins Ohr, immer wieder, bis der Reiz vorbei war. Dann tappten sie bald gemächlich hinter der Mutter her. Oben segelte eine weiße Elfenbeinmöwe und kehrte zum Eismeer zurück. Wieder angekommen in der Schneehöhle, hatten die beiden Weißfelligen richtig Hunger. Sie bettelten und die Bärin ließ sie zu sich. So zapften sie mal an der einen, mal an einer der anderen vier Zitzen von der fettreichen Milch. Hernach fühlten sie sich wohl und schliefen im weichen Fell am Mutterbauch ein. Auch sie gönnte sich wohlverdienten Schlaf.

So ging es nun jeden Tag auf Erkundungstour in die weißen Landschaften. Immer weitere Strecken pilgerten sie durch die Froststarre. Die kleinen Rabauken mußten ans Laufen gewöhnt werden, damit sie bald längere Touren meistern konnten, die Muskeln nicht zu schwach blieben. Bei einem ihrer Ausflüge gelangten sie an einen eisbedeckten See. Spiegelglatt und eben lag die Fläche vor ihnen. Zunächst mit Bedacht, strichen die beiden über das Eis, rutschten immer mal weg. Da machte ihnen die Bärin vor, wie es geht. Einfach mal schlittern. Elegant und ohne Patzer glitt sie über das Eis. Beim Nachwuchs haperte es noch etwas am Stil. Man landete auf dem Hinterteil oder kippte zur Seite weg. Beim Rangeln und Spielen gelangten die Bärenjungen wieder in Ufernähe. Dort entdeckte einer der beiden einen kleinen Eisklumpen. Er machte sich daran zu schaffen. Etwas festgefroren, ließ er sich nicht so einfach lösen. Doch das Bärenjunge gab nicht so schnell auf. Dann versuchte sich das zweite daran. Irgendwann schepperte der Eispuck über den gefrorenen See. Die beiden Bären stürzten hinterdrein. Nun entfesselte sich eine wilde Jagd um den flinken Eisball. Einer der beiden Weißen hatte die Nase zunächst vorn. Das Schwesterchen speikte hinterher, konnte aber zunächst nicht mithalten. Doch sie ließ nicht locker. Als das Brüderchen etwas außer Atem innehielt, versuchte es den Anspruch auf das Spielzeug zu sichern, indem es ihn mit Maul und Zähnchen festhielt und schnaufte. Nur, warum mußte dieser Eispuck so kalt sein? Im rechten Moment luchste das Schwesterchen jenes begehrte Teil ab und zog dem Brüderchen davon. Nachdem die Bärin dem Treiben ihrer Kinder eine Weile zugesehen hatte, raffte sie sich selbst auf und beteiligte sich an dem amüsanten Hockeyspiel. Die Sonne zog schon immer weiter nach Westen, als sich alle drei im Schnee am Ufer niederließen. Nach einer Milchmahlzeit plazierten sich die beiden Spitzenspieler auf dem Fell der langgestreckt ruhenden Mutter und hielten ein kurzes Nickerchen. Vor Einbruch der Dunkelheit kehrten sie zu ihrem Abhang mit der Geburtshöhle zurück.

Einige Tage später hieß es für die Bärenfamilie Abschied nehmen vom gewohnten Heim. Die Bärin brach auf zu jener großen Wanderung, die auf das gefrorene Eismeer führen sollte. Der Hunger nach Robbenspeck trieb sie. Sie zogen noch nicht lange in nördliche Richtung, plötzlich schien der Bärin ein verdächtiger Geruch an die Nase zu dringen. Dann entschwand er wieder. Sie wurde unruhig, richtete sich auf, stand eine Zeitlang auf den Hintertatzen. Nichts konnte sie entdecken, aber sie witterte Gefahr. Über viele Kilometer hinweg konnte ihre empfindliche Nase die Gegend erkunden. Schnurstracks wies sie ihre Bärenkinder an, ihr zu folgen. Geradewegs spurtete sie in Richtung Höhle zurück, doch die lag schon weit entfernt. Die Kleinen konnten kaum folgen, stolperten oder versanken halb im Schnee. Elfenbeinmöwen folgten ihnen in der Hoffnung, einen Bissen Beute abzubekommen. Doch hier gab es vorerst nichts zu holen. Nur verrieten die Vögel jetzt den Standort der Flüchtenden.

In Abständen hielt die Mutter inne, schaute sich um. Nichts konnte sie entdecken. Doch sie gab keine Entwarnung. In hohem Tempo spurtete sie weiter, immer im Blick, daß die Zöglinge den Anschluß hielten. Eine eisharte Schneewehe wurde zum Hindernis. Schnell suchte die Bärin einen Weg sie zu umgehen. Immer neue Stufen im Gelände verzögerten das Fortkommen. Flugs griff sie ein Bärenkind mit dem Maul und hob es eine Schnee-Etage höher, dann kam das zweite. Mit einem Satz gelangte auch sie nach oben. Weiter ging es. Die Kleinen schnauften und prusteten. Konnte die Mutter ihnen nicht eine kleine Pause gönnen? Doch sie hechtete durch das unwegsame Gelände. Nur ab und zu schaute sie sich um und inspizierte das weite Gelände. War da nicht etwas, hatte sich bewegt? Noch einmal betrachtete sie die östliche Hügelkette. Alles verschwamm weiß in weiß. Absolut nichts. Aber die Bärin verließ sich ohnehin lieber auf ihre Nase.

Schon die Hälfte des Weges zur Höhle hatte die Familie zurückgelegt. Die Kleinen wurden immer langsamer. Als sich die Mutter erneut umblickte, glaube sie kurz, einen weißen Kopf gesehen zu haben. Sie richtete sich erneut auf, um weit ins Land blicken zu können. Die Eisbärin wußte, bei diesen Jägern durfte sie die Kleinen keinen Augenblick aus den Augen verlieren. Noch immer krakeelten zwei, drei Möwen hoch in der Luft. Sie blieben hartnäckig und spekulierten auf Reste, die bei einer Mahlzeit anfallen könnten.

Und die Bärenmutter hatte sich nicht getäuscht. Da erschien er wieder, der Kopf eines weißen Tundrawolfs. In einer Mulde tauchte er wieder ab und ließ sich nicht orten. Jetzt trieb die Bärin ihre beiden Jungen noch mehr zur Eile, scheuchte sie panisch. Die beiden konnten kaum noch, so hechelten sie. Da kam er wieder zum Vorschein, der Arktiswolf. Bedrohlich schnell sprintete er auf die Bärenfamilie zu. Aus der Mulde schoß wenig später noch ein zweiter Kopf hervor. Jetzt konnte nur noch die Bärenhöhle Schutz bieten. Doch die lag immer noch weit entfernt. In gemessenem Abstand umkreisten die beiden Wölfe die Familie. Durch ihr Weiß schimmerten graue Strähnen. Ganz klar, sie hatten es auf die Bärenkinder abgesehen.

Die Mutter schwenkte mit dem Kopf hin und her, drohte den weißen Isegrims. Da sah sie noch einen dritten Wolf aus der Mulde auftauchen, und ein vierter folgte. Dicht hielt sie die Kinder bei sich. Sollten sie sich nur trauen anzugreifen, so leicht würde sie sie nicht preisgeben. Sie blieb in Trab und ließ ihr Ziel keinen Moment aus den Augen. Von Weitem sah sie schon den dunklen Eingang. Ein fünfter Wolf schoß auf die Eisbärin zu. Zugleich griff einer der anderen von hinten an. Jetzt wurde es brenzlig. Während sie den einen Wolf in die Flucht schlug, versuchte der zweite, einen der Kleinen zu reißen, verbiß sich an dessen Kopf, gab aber klein bei, als die Bärin auf ihn zustürmte. Das Bärenjunge blutete hinter dem Ohr.

Ein paar Minuten später folgte ein neuer Angriff der weißen Gesellen. Sie umkreisten die Bärenfamilie, die unablässig auf den Hang zusteuerte. Doch konnte die Höhle sie wirklich schützen? Immerhin ließ sie sich besser verteidigen. Dann keilten die fünf Raubtiere sie ein, fielen über die Bärin her und versuchten, sie von den Bärenkindern zu trennen. Mit einem Prankenhieb schmetterte sie einen der Wölfe nieder. Kläglich fing er an zu winseln. Sie durchschaute das gefährliche Spiel und ließ die Kleinen keinen Deut von sich weichen. Ein weiterer Prankenhieb verfehlte einen der Angreifer, der sich aber schleunigst verzog. Der getroffene Wolf konnte sich nur mühsam wieder aufrichten und hinkte davon. Eine feine Blutspur ließ er hinter sich. Sein Schicksal, hier im Eisland zu verenden, war vorgezeichnet. Noch immer umkreisten drei Wölfe die vermeintlich leichte Beute. Sie lauerten auf einen Augenblick, da die Bärin ihren Nachwuchs nicht dicht vor sich herlaufen ließ. Doch sie verschaffte den weißen Wölfen keine Chance. So erreichte die Bärenfamilie ihren Bau, der jetzt zu einer frostigen Schutzburg wurde. Noch in der Nacht lagerten die Weißen unweit des Eingangs und ließen ihr Geheul unter dem Arktismond aufschauern. Die Bärin und ihre Jungen lagen völlig erschöpft in ihrer Heimstatt. Als die Isegrims auch am nächsten Tag noch vor der Höhle lungerten, begann die Bärin, den Eingang mit Schneebrocken aus der Höhle zuzuschieben. Gegen Mittag hatte sie alles abgedichtet. Nun hieß es, warten und Geduld zu wahren.

In der nächsten Nacht drang wiederum Wolfsgeheul durch die Schneedecke der Bärenbehausung. Wie lange würde die Mutterbärin noch warten müssen, bis sie zum rettenden Eismeer aufbrechen könnte, zu jenen Eisflächen, wo auch die Robben ihren Nachwuchs gerade großzogen? Dringend brauchte sie frische Fettreserven nach den langen Monaten des Fastens. Reichte die Muttermilch nicht mehr, wären die

Kleinen verloren. Die Bärin fand keine Ruhe, und immer wieder die eindeutigen Rufe der Wölfe, wenn auch weit entfernt. Erst nach sechs langen Tagen öffnete die Bärin die Höhle wieder. Jetzt prüfte sie um ein Vielfaches gründlicher, ob die Luft rein war. Im weiten Bogen umkreiste sie ihren Bau. Erst als sie sich sicher war, die Wölfe hatten das Weite gesucht, holte sie die Bärenkinder nach. Jetzt hieß es für die Kleinen auf immer Abschied zu nehmen von ihrem Bäreniglu, jener Höhle am Hang, die sie bisher geschützt hatte.

Das Speziallager

Eva hatte heute einen der seltenen Arbeitsaufträge bekommen. Sie reinigte den Waschraum der russischen Offiziere. Zurück über den Hof, traf sie mit Baranow zusammen. Er gehörte zum führenden Personal des Lagers. Sie blieb, wie es gefordert war, stehen und wollte ihren Weg sogleich fortsetzen. Doch er hielt sie an der Schulter zurück.

Väterlich fragte er auf deutsch: „Weshalb bist du hier?"

„Das weiß ich nicht, das hat man mir nicht gesagt."

„Und wie lange musst du hier bleiben?"

„Das weiß ich auch nicht."

Er blickte sie staunend mit großen Augen an: „Du musst doch wissen, zu wie viel Jahren du verurteilt bist!"

Eva darauf: „Ich bin nicht verurteilt, ich bin hier nur eingesperrt. Ich weiß nichts."

Er zückte einen Stift und kramte ein zerledertes Notizbuch hervor. „Hier schreibe mal deinen Namen und deinen Geburtstag auf."

Dann konnte sie zurück in ihre Baracke. Sie machte sich noch einige Zeit Gedanken über diese Begegnung, aber Hoffnung, nein Hoffnung hatte sie nicht.

Kurz nachdem sie 17 geworden war, hatte man sie in die örtliche Kommandantur bestellt. Per Pferdewagen, Soldaten begleiteten, wurden sie zusammen mit anderen zur Polizeistation in die Kreisstadt gebracht und in einem Verschlag eingesperrt. Es folgten lange Verhöre. Ausgefragt wurde sie über Bannführer Riesel. Ihn wollten sie unbedingt fassen. Der österreichische Offizier, der in der roten Armee diente, meinte: „Sie sind hier auf eine Liste von Ihren Landsleuten gesetzt worden, daß Sie uns gefährlich werden könnten. Wir kennen Sie nicht, also müssen wir den Hinweis ernst nehmen." Zuletzt sollte sie ein Papier in russischer Schrift, unlesbar für sie, unterschreiben. Ihre Weigerung brachte Eva eine deftige Schelle ein und beim nächsten Verhör gab sie nach.

Wenige Tage später transportierte man Eva und andere in das Lager Hohenschönhausen. Dort filzte man sie bis auf die Knochen, Schnürsenkel, Ohrringe, Uhren, Gürtel und jegliche andere Wertsachen kassierten die Bewacher ein. Eine leere Zementtüte diente Eva dazu, die Nachtkälte etwas abzuhalten. Flöhe und Wanzen forderten in den Baracken ihren Blutzoll. Sie schlief auf blankem Holz und teilte sich die Bettstatt mit einer anderen Frau. Gut einen Monat später marschierten sie unter Bewachung in 15 Stunden nach Sachsenhausen. Über eine lange Zeit blieben sie zum Nichtstun im Lager verurteilt.

Die dünne Wassersuppe mit wenigen Graupen und ein limitiertes Brotstück reichten kaum zum Überleben. Als die Rationen im Winter 46/47 halbiert wurden, begann das große Sterben. Vor allen Dingen im Männerlager forderten Unterernährung und Krankheiten hohen Tribut. Nacht um Nacht wurden Leichenwagen in angrenzende Waldstücke gezogen. Auch in ihrer Baracke hatten zwei Frauen nicht überlebt.

Ein kleiner Kassiber, den Eva wie andere aus dem Lager schmuggeln lassen wollte, um ihre Familie über ihren Aufenthalt zu informieren, führte zu 20 Tagen Karzer. Ein Spitzel unter ihnen hatte geplaudert. Verbotene Stricknadeln aus Fahrradspeichen, versteckt zwischen hölzerner Nut und Feder an der Barackendecke sowie Stoffstücken aus der Kleidung Verstorbener waren das Grundmaterial für die erste selbstgefertigte Lagermode, eine Kunstfertigkeit, die die Frauen im Laufe der Lagerzeit immer weiter perfektionierten und irgendwann auch legal ausüben durften.

Einige Monate waren vergangen seit Evas kurzem Gespräch mit Baranow. Sie traten früh auf dem Appellplatz an. Alle Bataillone waren durchgezählt worden und sie warteten darauf wieder abtreten zu dürfen. Plötzlich wurde Evas Name aufgerufen, sie wurde zur Kommandantur des Frauenlagers befohlen. Ein Kurier begleitete sie in die Schreibstube.

„Frau Schuster, ich habe mir Ihre Akten kommen lassen, sie mir angesehen und festgestellt, Sie haben keinerlei Schuld auf sich geladen."

Zögerlich fragte Eva: „Was heißt das jetzt für mich?"

„Es kommen bald einige Umstellungen, ein wenig wird es noch dauern. Aber wenn es soweit ist, dann werden Sie gewiß zu den ersten gehören, die aus dem Lager entlassen werden. Verhalten Sie sich ruhig."

Schon beendete er das Gespräch. Er kann mir viel erzählen, wenn der Tag lang ist! Eva glaubte nach diesen mehr als zweieinhalb Jahren Lagerleben keinem Russen mehr. In ihrer Baracke kamen mehrere Frauen auf sie zu.

„Was war denn los?" fragte Herta.

Eva entgegnete: „Leute, laßt mich zufrieden. Das, was sie mir dort gesagt haben, ich kann es euch nicht erzählen und ich glaube es auch nicht. Sie lügen sowieso."

Dem Winter folgte nun ein Frühling, noch aber war es unangenehm frostig bei den morgendlichen Appellen. Vier Wochen mochten vergangen sein seit jenem Gespräch in der Kommandantur. Etliche Frauen wurden plötzlich aufgerufen.

„Packen Sie Ihre Sachen und finden sich unverzüglich wieder auf dem Appellplatz ein", erläuterte der Offizier. Auch Eva war unter den Aufgerufenen.

Sie dachte: Geht es jetzt ab nach Rußland oder werden wir in ein Gefängnis überführt? Was mögen sie jetzt mit uns vorhaben? Eva verabschiedete sich von den Frauen aus ihrem Bataillon, die ihr in den letzten Jahren nah gewesen waren. Auch Renate mußte in der hiesigen Baracke bleiben. Sie umarmten sich. Dann war der Moment gekommen, wo sich das Tor zum bisherigen Lager für eine ganze Reihe Frauen für immer hinter ihnen verschloß. Doch sie wurden nirgendwohin transportiert. Sie kamen nur in neue Baracken mit neuen Betten, sogar Strohsäcke gab es hier. Sie befanden sich nach wie vor innerhalb des Lagerkomplexes Sachsenhausen. Aus allen Kompanien waren Frauen in diesem neuen Lager im Lager bunt zusammengewürfelt. Auch hier mußte am Morgen und am Abend zum Appell angetreten werden. Auch in diesem kleinen Lager reihte sich Woche an Woche. Doch eines Abends kamen sie von der Kommandantur mit einer Liste. Acht Frauen mußten sich am nächsten Morgen mit ihren wenigen Habseligkeiten zur Verlegung bereit halten. Wohin wird die Reise für die Frauen nun gehen?, dachte Eva. Zwei Tage später wurden zwölf Frauen abgeholt, später wieder eine kleine Gruppe.

Jeden Tag brachten die Männer einen Kübel mit Essen. Die Suppe im neuen Lager war erheblich dicker. Gelegentlich gab es auch mal Pellkartoffeln.

An einem Tag meinte einer der beiden Männer, die das Essen brachten: „Paßt mal auf, von den Männern schicken sie wie bei euch alle paar Tage eine große Gruppe raus. Das sieht fast so aus, als ob immer zu den Männern prozentual eine kleine Gruppe Frauen dazugeordnet wird. Die werden bestimmt entlassen."

Herta entgegnete: „Was erzählst du denn für einen Unsinn. Die füttern uns hier fett, damit wir die Reise nach Russland durchstehen." Eva ergänzte: „Dann hätten sie uns doch etwas gesagt!"

„Nein, nein", erwiderte der Mann, „die Russen sind verschwiegen, die sagen nichts. Das könnte ja Unruhe ins Lager bringen."

Immer wieder wurden alle paar Tage neue Frauen aufgerufen. Zug um Zug wurde das kleine Lager leerer. Mehrere Baracken waren schon leer und am Schluß blieb nur eine Baracke mit acht Frauen belegt, Herta und Eva darunter. Noch einmal warteten sie drei lange Tage. Die letzten Frauen wurden aus ihren Unterkünften gerufen und mußten antreten.

Sie wurden in einen geräumigen Lagerraum neben der Bäckerei geführt. Es wurde geprüft, ob alle ordentliche Kleidung hatten, eine der Frauen erhielt eine Jacke, gefertigt in der eigenen Lager-Schneiderei. Jede von ihnen bekam ein Brot und eine Tüte Zucker ausgereicht. Dazu erhielt jeder einen unscheinbaren Entlassungsschein. Alles auf ihm stand in russischer Schrift, ein bläulicher Stempel dazu. Wie sie sagten, galt er als Fahrkarte für den Heimweg. Einer der Offiziere machte ihnen unmißverständlich deutlich: „Alles, was Sie im Lager gesehen haben und was sich hier ereignet hat und die Existenz des Lagers selbst, sie haben darüber zu schweigen. Wenn Sie dies mißachten, müssen sie mit Konsequenzen rechnen!"

Ein klappriger alter russischer Bus hielt im Vorhof des Lagers. Die acht Frauen stiegen ein und augenblicklich fuhren sie durch das äußere Lagertor. Nach einer kurzen Wegstrecke durch Oranienburg hielt der schwarze Kleinbus in der Nähe des Bahnhofs. Mucksmäuschenstill blieben die Frauen auf ihren Plätzen. Einer der beiden mitfahrenden Offiziere signalisierte zunächst mit der Hand, daß sie aussteigen sollen. Eva dachte, ob sie uns jetzt noch etwas antun? Lassen sie uns wirklich frei? Niemand rührte sich. „Dawei! Dawei!", tönte der russische Offizier. Wie auf Kommando stürzten die Frauen zur Tür und verließen fluchtartig den Bus. So schnell sie konnten, strebten sie dem Bahnhof entgegen, liefen die Treppe zum Bahnsteig hinauf und setzen sich in die wartende S-Bahn. Unendlich schienen die Minuten bis zur Abfahrt des Zuges.

Dann ruckte die Bahn, setzte sich in Bewegung, grüne freie Landschaften öffneten sich. Wie oft hatten wir gehofft, daß die ganze Pein irgendwann ein Ende haben würde. Wer hatte noch an diesen Tag geglaubt?, schoß es Eva durch den Kopf. Die Bahn fuhr und nichts konnte sie mehr aufhalten. Die acht Frauen kauerten auf ihren Holzbänken und jetzt liefen nur noch die Tränen.

Eva fragte sich, wie wird es sein zu Hause, nachdem man so lange Jahre im Nirgendwo verschollen war? Je mehr sie in die Stadt hineinfuhren, nahte auch die Abschiedsstunde der Frauen untereinander. Eva nahm dann einen Zug, der sie in die Nähe ihres Dorfes brachte. Doch von der Kreisstadt bis nach Hause waren es noch mal etliche Kilometer. Ein freundlicher LKW-Fahrer nahm sie mit, nur die letzten Kilometer mußte sie zu Fuß zurücklegen.

Der Bäckermeister aus dem Ort überholte sie mit dem Fahrrad. Er drehte sich um und fuhr weiter und drehte sich noch mal um. Dann stoppte er, stieg vom Rad und wartete auf Eva.

„Bist du das?"

„Ja, ich bin es."

„Daß es dich noch gibt", hob er mit überraschter Stimme an. „Daß du noch mal zurückkommst!"

„Wie du siehst, ich lebe noch."

„Na, ich hoffe, du kannst wieder Fuß fassen. Jedenfalls wünsche ich dir viel Glück. Es sind eine ganze Menge von Leuten im Ort von den Russen abgeholt worden, die bisher nicht wieder zurückgekommen sind."

Eva meinte: „Die Leute merken schon, wenn ich wieder da bin. Sagen Sie mal nichts, daß ich wieder da bin."

Als Eva zum Elternhaus kam, saß neben der Haustür ihr Vater auf der Bank. Vor sich das Fahrrad auf Sattel und Lenker gestellt, flickte er den defekten Schlauch.

„Das gibt's ja nicht!" rief er überrascht.

Seit seinem letzten Fronturlaub im Krieg hatte er Eva nicht mehr gesehen. Er ging auf seine Tochter zu, umschloß mit seinen beiden Händen ihre Hände. Wenige Augenblicke später nahm er sie innigst in den Arm, drückte sie minutenlang an sich und war völlig sprachlos.

War nicht bei ihm Bürgermeister Theodor Krawke aufgetaucht und gab ihm zu verstehen: „Die Kleider deiner Tochter benötigst du doch nicht mehr, gib sie den Flüchtlingen aus Ostpreußen und Schlesien. Die brauchen sie nötiger!"

Erst am Abend fragte Eva, wo denn die Mutter und die Schwester seien.

„Es war auch für uns eine schwere Zeit. Was soll ich sagen? Zwei Monate nach dem du verschwunden warst, kam ich zurück aus Tschechien. Deine Mutter und deine Schwester sind tot. Sie bekamen die Rachenbräune. Ich versuchte alles, aber das nötige Serum ließ sich einfach nicht auftreiben."

Eva sackte in sich zusammen. Hatte sie sich so ihre Heimkehr vorgestellt? Ihr Vater schloß sie in seine Arme. Sie weinte leise.

Inhalt

197

Marko Ferst

geboren 1970 in Rüdersdorf bei Berlin. Von 2000 bis 2004 Studium der Politischen Wissenschaften an der Freien Universität Berlin. Von 1990 bis 1997 die Vorlesungsreihe „Sozialökologie" an der Berliner Humboldt-Universität besucht, die von Rudolf Bahro geleitet wurde. 1994 die Ökologische Plattform im linkspolitischen Spektrum mitbegründet. Veröffentlichungen in Tages- und Umweltzeitungen. 2006 deutsch-polnischer Literaturpreis für Gedichte. Früherer Beruf Tischler/Bilderrahmer. Seit 2005 schwerbeschädigt. 2010 wurde von ihm neu herausgegeben der Band „Morgen. Die Industriegesellschaft am Scheideweg" von Robert Havemann mit einem eigenen Essay.

Lesungen von Gedichten oder Vorträge zur ökologischen Thematik können angefragt werden unter: Marko Ferst, Köpenicker Str. 11, 15537 Gosen, Telefon 03362/882986, marko@ferst.de

aktuelle Informationen: **www.umweltdebatte.de**

Veröffentlichungen

Einzug in die Stille. Erzählung, 2018

Nabereschnyje Tschelny. Mitten in Tatarstan. Portrait einer russischen Stadt (Bildband), 2015

Seltenes Spüren. Gedichte (mit Ulrich Grasnick, Günter Kunert, Elisabeth Hackel u.v.a.), 2014

Die Ostroute. Erzählungen, Herausgeber (mit Andreas Erdmann, Monika Jarju u.v.a.), 2014

Republik der Falschspieler. Gedichte (mit einem Essay zum politischen Gedicht), 2007

Täuschungsmanöver Atomausstieg? Über die GAU-Gefahr, Terrorrisiken und die Endlagerung, 2007

Umstellt. Sich umstellen. Politische, ökologische und spirituelle Gedichte, 2005

Die Ideen für einen „Berliner Frühling" in der DDR. Die sozialen und ökologischen Reformkonzeptionen von Robert Havemann und Rudolf Bahro (Hefte zur DDR-Geschichte 91), 2005 (Bezug: www.helle-panke.de)

Beitrag „Umweltpolitik in Mecklenburg-Vorpommern seit 1998" in: Edeltraut Felfe u.a. „Warum? Für Wen? Wohin? 7 Jahre PDS Mecklenburg-Vorpommern in der Regierung", 2005

Beitrag „Rudolf Bahro - Vom DDR-Kritiker zum spirituellen Ökologen" in: Udo E. Simonis u.a. „Jahrbuch Ökologie 2005"

Wege zur ökologischen Zeitenwende. Reformalternativen und Visionen für ein zukunftsfähiges Kultursystem, 2002 (zusammen mit Franz Alt und Rudolf Bahro)

Erich Fromm als Vordenker. „Haben oder Sein" im Zeitalter der ökologischen Krise, 2002 (mit Rainer Funk, Burkhard Bierhoff u.a.; Herausgeber des Bandes)

Beitrag „Neue Lebensformen als gesellschaftliches Experiment" in „Apokalypse oder Geist einer neuen Zeit" (Rudolf Bahro u.a.), 1995

Marko Ferst

Umstellt. Sich umstellen

Politische, ökologische
und spirituelle Gedichte

Edition Zeitsprung, 2005, 11,20 €
160 Seiten

Leseproben:
www.umweltdebatte.de

Die Gedichte des Autors gehören zu den provokativsten politischen
Gedichten seit Erich Fried. Eine lebensnahe Mystik geht bei ihm
fast nahtlos in radikale Gesellschaftskritik über. Er fragt nach einem
Zeitalter, das über herkömmliche religiöse Vorstellungen hinausweist,
schreibt über die Musik Arvo Pärts, nimmt uns mit in den wend-
ländischen Widerstand gegen einen unbändigen Atomstaat. Darüber
hinaus kritisiert er politische Zustände in den USA und in dem von
China besetzten Tibet. Unbequeme Fragen stellt er an die NATO-
Länder zum Kosovokrieg und prangert die Strukturen an, die in
weiten Teilen der Welt zu Verelendung führen. Die deutsche Einheit
gerät in seinen Blick und die Sorge um den Erhalt der ökologischen
Gleichgewichte bleibt in vielen Passagen des Bandes überaus deutlich
präsent. Liebesgedichte und Gedichte zu innerem Wachstum nehmen
umfangreichen Raum ein. Die Erzählung „Der Freund und das Fen-
sterkreuz" schließt den Band ab. Im Rahmen eines deutsch-polni-
schen Literaturwettbewerbs erhielt sie einen Preis.

Marko Ferst

Republik der Falschspieler

Gedichte

mit einem Essay zum politischen
Gedicht

Edition Zeitsprung, 2007, 11,60 €
172 Seiten

Wohin driftet die Berliner Republik? Ein bißchen Gelddiktatur scha-
det doch niemandem? Die Gedichte in diesem Band bürsten unbe-
quem gegen den Strich. Hartz IV und Ein-Euro-Job kommen auf
den Prüfstand. Da wird nach sozialer Gerechtigkeit ebenso gefahndet
wie nach ökologischer Balance. Sind wir als Zivilisation dem Unter-
gang geweiht? Der Autor setzt sich auseinander mit den Folgen von
Tschernobyl für die Menschen und thematisiert: Atomkraft ist unver-
antwortlich. Er führt uns nach Mittelasien und schreibt sich an die
Tragödie um den verschwindenden Aralsee heran.
Wieviel unschuldige Opfer fordert der angebliche Kampf gegen den
Terror? Was konnte die orange Revolution in der Ukraine leisten oder
wieviel blaue Adern durchziehen sie? Unternommen wird ein Aus-
flug an die Wolga und nach Kasan. Einen umfangreichen Abschnitt
mit Liebesgedichten findet man vor, überdies zahlreiche Landschafts-
gedichte. Außerdem: was kann dem streßgeplagten Weihnachtsmann
alles passieren? Eine Nachtwanderung führt in spukumwundenes
Ferienland.

Die Bestellung der Bücher:
Marko Ferst, Köpenicker Str. 11, 15537 Gosen, Telefon 03362/882986,
marko@ferst.de

Franz Alt
Rudolf Bahro
Marko Ferst

Wege zur ökologischen Zeitenwende

Reformalternativen und Visionen
für ein zukunftsfähiges
Kultursystem

Edition Zeitsprung, 340 Seiten

Die ökologische Krise droht der menschlichen Zivilisation eine Richtstatt zu bereiten. Ohne einen Quantensprung in der Politik ist eine globalökologische Rettung völlig aussichtslos. Dabei könnten die ersten Schritte in wenigen Jahren getan sein. Würden wir sämtliche Energie, die wir nicht einsparen können, über Solartechnik, Wasserkraft, Windkraft und aus Biomasse gewinnen, hätten wir schon ein gutes Stück Zukunft gesichert. Wir werden aber auch die Materialströme, die wir durch unsere Industriegesellschaft pumpen, auf einen Bruchteil zu reduzieren haben. Mit einer globalisierten Wettbewerbsökonomie, die auf permanentem Wachstum fußt und einen Pol auf Kosten des anderen Pols entwickelt, wird die Todesspirale nicht aufzuhalten sein.

Der erforderliche ökologisch-soziale Strukturwandel müßte umfassender sein als alle vorhergehenden Umwälzungen und Reformen in der Menschheitsgeschichte. Der Reichtum der Industriestaaten steht auf tönernen Füßen, der Wohlstand von drei, vier Generationen wird immer wahrscheinlicher mit Jahrhunderten Siechtum und Elend bezahlt werden. Angesichts dieser prekären Lage steht die Frage nach Alternativen dringender als je zuvor auf der Tagesordnung der Weltgeschichte. Wir alle müssen uns fragen, wie könnte eine bestandsfähige ökoplanetare Zukunftszivilisation in wenigen Jahrzehnten aussehen?

Die eigentliche Chance für eine ökologische Rettungspolitik erwächst aus dem geistigen Lebensniveau der Gesellschaften. Wir brauchen ein ökologisches Kultursystem, das auf Herz und Geist gebaut ist. Von einer erkennenden, das soziale Ganze in sich einschließenden Liebe aus, hätten wir die Welt neu einzurichten.

Rainer Funk
Marko Ferst
Burkhard Bierhoff

Erich Fromm als Vordenker

„Haben oder Sein" im Zeitalter
der ökologischen Krise

Edition Zeitsprung, 224 Seiten,
15,90 €

Leseproben:
www.umweltdebatte.de

Als Psychotherapeut, Sozialwissenschaftler und Philosoph gehört Erich Fromm zu den wegweisenden Gestalten des 20. Jahrhunderts. Er ist ein prominenter Diagnostiker der Krisen der westlichen Welt, ein Kritiker unseres konsumistischen Lebensstils und von gesellschaftlichen Zuständen, in denen nicht der Mensch, sondern das schnelle Plusmachen im Mittelpunkt steht. Die Werte des Seins wollte Fromm über denen des Habens angesiedelt wissen. Er dachte so unterschiedliche Geisteswerke wie die von Sigmund Freud, Karl Marx, Baruch de Spinoza und Meister Eckhart zusammen, im Sinne des Hegelschen Aufhebens. Eine erneuerte Psychoanalyse und marxistische Soziologie bekommen bei ihm ganz eigene Wesenszüge.

In dem vorliegenden Band wird eine Auswahl von Beiträgen vorgestellt, die sich mit dem Spannungsfeld „Haben oder Sein" auseinandersetzen und welche Potentiale die innere Aufklärung, sozialpsychologischer Wandel bereithalten könnte, um die drohende ökologische Selbstzerstörung des Menschengeschlechts vielleicht noch abzuwenden zu können. Aber auch Themen wie Religion, Schule und ein alternatives Wirtschaftssystem kommen zur Sprache.

Autoren des Bandes sind:
Burkhard Bierhoff, Marko Ferst, Erich Fromm, Rainer Funk, Maik Hosang Helmut Johach, Heike Koall, Roman Kotliar, Milan Machovec, Rainer Otte, Johannes Rau, Hans Jürgen Schultz, Helmut Wehr

Die Bestellung der Bücher:
Marko Ferst, Köpenicker Str. 11, 15537 Gosen, Telefon 03362/882986,
marko@ferst.de

Seltenes spüren

Gedichte

**Ulrich Grasnick,
Elisabeth Hackel,
Günter Kunert,
Marko Ferst,
Dorothee Arndt,
Charlotte Grasnick u.v.a.**

268 Seiten, 2014, 11,50 €
Edition Zeitsprung

Seltenes spüren

Gedichte

Ulrich Grasnick, Elisabeth Hackel, Günter Kunert,
Marko Ferst, Dorothee Arndt, Charlotte Grasnick u.v.a.

Edition Zeitsprung

Erleben Sie den Inkafrühling in Peru. Versunkenen ägyptischen Schätzen wird nachgespürt. Monets Garten lädt ein und dem Duft einer französischen Bäckerei folgt ein Gedicht. Der Berliner Dom spiegelt sich nicht mehr im Palast. Zahlreiche surreale Gedichte enthält der Band, vereinzelt auch gereimte. Ein Besuch bei Heine steht an, versteckt liegt sein Denkmal. Den Szenarien der Krieger geht ein Lyriker auf den Grund, von weidwundem Land berichtet ein Gedicht für die Erde. Letzte Bienenwagen kommen in den Blick, Ausflüge führen ins Känguruland. Die Sonnenpost läßt uns Entfernungen vergessen. Der vorliegende Band ist eine Gedichtsammlung des Köpenicker Lyrikseminars und der Lesebühne der Kulturen Adlershof. Gäste wurden eingeladen. Grafiken von Dorothee Arndt illustrieren den Band. Das Lyrikseminar existiert seit 1975 und publizierte bereits mehrere Anthologien.

Der Band enthält Gedichte von Anke Ames, Almut Armélin, Dorothee Arndt, Ralf Burnicki, Andreas Diehl, Rela Ferenz, Marko Ferst, Hanna Fleiss, Peter Frank, York Freitag, Charlotte Grasnick, Ulrich Grasnick, Elisabeth Hackel, Brunhild Hauschild, Franka-Loraine Hetscher, Oliver Issel, Reinhard Kranz, Günter Kunert, Fritz Leverenz, Michael Manzek, Reiner Müller, Jürgen Polinske, José Pablo Quevedo, Victor Bueno Roman, Friedeborg Stisser, Stephan Terrey, Petra Urbaniak, Marcela Ximena Vásques Alarcón, Frank Wegner-Büttner

Die Ostroute

Erzählungen

Andreas Erdmann,
Marko Ferst,
Monika Jarju u.v.a.

256 Seiten, 2014, 16,90 €
Edition Zeitsprung

Der Band beginnt und endet mit einer Erzählung über Wölfe. In der einen werden sie gnadenlos verfolgt, in der anderen sorgt ein Rudel weißer Tundrawölfe für arktische Jagdszenen. Andernorts kommt eine Ostroute ins Spiel. Wir erfahren mehr über das Schicksal eines jungen Rauschgiftkuriers im Iran, wie über seinen Lebensweg der Stoff der Stoffe richtet. Ein Ostseesturm sorgt für eine risikoreiche Segeltour. Von allerlei sonderbaren Abwegen weiß die Erzählung „Genervtes Anstehen für Liebe" aus Bulgarien zu berichten. Zur Sprache kommen die Erfahrungen von Heimkindern in der frühen Bundesrepublik. Grenzübertritte zwischen Ost und West und deren Folgen sind im Blick zweier anderer Beiträge. Wie man ganz legal schwarzfährt, erläutert Johannes Bettisch. Was passiert, wenn man ganz unerwartet von seinem chinesischen Firmenpartner zum Tanz aufgefordert wird?

Der Band enthält Erzählungen von Ali Amini, Johannes Bettisch, Andreas Erdmann, Marko Ferst, Elisabeth Hackel, Karin Heinrich, Monika Jarju, Tengis Khachapuridse, Norbert Klatt, Christine Koch, Carmen Mayer, Heide Rabe, Hans Sonntag, Dimil Stoilov, Lore Tomalla, Günter Wirtz, Gisela Witte und Angelika Zöllner.

Zeittafel

11. Sinfonie 1/2010, 3/2011
Akupunktur 5/2011
Amerikanische Horchposten 10/2013
Anfrage an Sergej Lawrow 1/2016
Arabischer Wandel 6/2012
Atemlos 1/2008
Auszug 8/2008
Bangladesh 2/2010
Barack Obama in Berlin 7/2008
Bayrische Amokläufe 9/2016
Beobachtet 2/2011
Besondere Treffer 4-6/2008
Beute 7/2007
Blaue Zypresse 10/2012
Blickwinkel 7/2012
Borschtsch 9-10/2015
Brach liegt weites Land 1/2008
Countdown 11/2013
Dämmerlicht 2-5/2017
Danach 9/2009
Danziger Notizen 11-12/2015
Das Treibhaus öffnen 11/2013, 7/2014, 11/2014
Der Schwerbeschädigten-Ausweis 7/2010
Die Andenfrucht 5/2011 - 1/2012
Die Farbe Ocker 2/2008 - 5/2009
Die Gestalt wandelt sich 8-9/2010, 2/2017
Die grünen Glüher 6/2011
Die Kontolleure 4/2011
Die Kranichfelder 4/2011
Die Operation 12/2011
Die verzwickten Folgen von Kriegslust 8/2010
Die zweite Wirklichkeit 8/2015
Durch enge Gassen 7/2007
Dvorák am Berg hören 7-10 /2016
Eine Palast-Phantasie 3-5/2009
Eiswelten 11/2008
Emporstreben 12/2008
Erich Fried 11/2013, 10/2014
Erste Zeit 11/2007, 2-4/2008
Es pfeift gefährlich 12/2011
Existentiell 9/2009
Festspruch 1/2008
Fibromyalgieschub 5/2013
Finanz-Roulette 2-6/2009
Fliegende Glüher 8/2013
Frauenschicksale 7/2007

Partnachklamm 6-7/2013
Prekär 2/2008
Protest wünscht ihn fort 3/2015
Quälerei 9/2008
Räume 6/2008
Rechtschreibreform 8/2008
Russische Gastfreundschaft 4/2008
Schachmatt 6/2009
Schäubleschäum 8-12/2007
Schlafland 12/2014
Schloßpark Charlottenburg 1-5/2010
Schlüsse 3/2011
Schneefrühling 3/2013
Schokolade 12/2009 - 5/2010
Schwarze Lady 10/2014 - 4/2015
Schwarze Plage 6/2007
Septemberwärme 9/2007
Silvester 1/2015
So ist es 1-7/2010
Spitzbergen 2008, 3/2009
Spur nach Tilsit 10-2008/4-2009
Stadt hinter den Schären 2011, 4-2012, 11-2012
Syrisches Totenfeld 3/2016 - 6/2017
Szenario der Macht 2/2015
Teuro, Teuro! 4/2011
Todesboten 12/2011
Trockenzeit 11/2013
Ufa 2-3/2007
Ungebucht 9-10/2007
Usedom 10-11/2009
Väterchen Frost 2-5/2016
Verfaßtes Versagen 11/2013
Verloren 5/2010
Viel drin ist im Sack 12/2009
Visitenkarte 3/2010
Vom nahöstlichen Wahn 11/2012, 11/2013
Von Buchara nach Samarkand 4-5/2009
Von dort kippt alles 2/2010, 9/2011
Von Gelb übersäht 12/2009
Von mangelndem Willen zu europäischer Demokratie
10-11/2013
Von Sand überdeckt 12/2009
Wärmere Tage 5/2015
Was nicht bedacht wird 6-11/2010
Wegweiser 10/2009
Wellen branden 9-10/2009

Wenige Minuten 8/2014
Wie man Naturschutz aushebelt 1/2013
Winterlos 1/2014
Wohl kaum zu retten 3/2008
Wolkenbruch 8-9/2010
Wortwechsel 11/2006, 6/2007
Zeit der Wölfe 5/2008
Zerstörungseifer 11/2007
Zivilisation im Spätstadium 2007, 3/2010, 3/2012, 8/2015
Zug der Wikinger 1-2/2015
Zwischenstand 5/2008

Quellenhinweis:

Die Erzählung „Das Speziallager" erschien zuerst in der Tageszeitung „Neues Deutschland" vom 10.4.2010. Sie stammt aus einem viel umfangreicheren Text und wurde für die damalige Veröffentlichung in eine neue Fassung gebracht. Auch „Arktische Begegnung" ist ein Auszug aus einer längeren Erzählung.

In der Regel wurde die klassische Rechtschreibung verwendet, in den Gedichten wird auf das „ß" bei „daß" bewußt verzichtet. Es würde sich lohnen darüber nachzudenken bei einer nächsten Rechtschreibreform, ob „dass" bzw. „daß" wirklich notwendig sind.